内容公式

如何产生无限的故事创意

[美] 梅拉妮·德齐尔（Melanie Deziel） 著
廖颖 译

The Content Fuel Framework

How to Generate Unlimited
Story Ideas

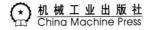

图书在版编目（CIP）数据

内容公式：如何产生无限的故事创意 /（美）梅拉妮·德齐尔（Melanie Deziel）著；廖颖译 . -- 北京：机械工业出版社，2022.4

书名原文：The Content Fuel Framework: How to Generate Unlimited Story Ideas

ISBN 978-7-111-70529-1

Ⅰ. ①内… Ⅱ. ①梅… ②廖… Ⅲ. ①市场营销学 Ⅳ. ① F713.50

中国版本图书馆 CIP 数据核字（2022）第 072615 号

北京市版权局著作权合同登记　图字：01-2021-4255 号。

Melanie Deziel. The Content Fuel Framework: How to Generate Unlimited Story Ideas.

Copyright © 2020 by Melanie Deziel.

Simplified Chinese Translation Copyright © 2022 by China Machine Press. Published by agreement with Transatlantic Literary Agency Inc., through The Grayhawk Agency Ltd. This edition is authorized for sale in the Chinese mainland (excluding Hong Kong SAR, Macao SAR and Taiwan).

No part of this book may be reproduced or transmitted in any form or by any means, electronic or mechanical, including photocopying, recording or any information storage and retrieval system, without permission, in writing, from the publisher.

All rights reserved.

本书中文简体字版由 Transatlantic Literary Agency Inc. 通过光磊国际版权经纪有限公司授权机械工业出版社在中国大陆地区（不包括香港、澳门特别行政区及台湾地区）独家出版发行。未经出版者书面许可，不得以任何方式抄袭、复制或节录本书中的任何部分。

内容公式：如何产生无限的故事创意

出版发行：机械工业出版社（北京市西城区百万庄大街 22 号　邮政编码：100037）

责任编辑：刘　静　王　芹

责任校对：殷　虹

印　　刷：保定市中画美凯印刷有限公司

版　　次：2022 年 6 月第 1 版第 1 次印刷

开　　本：147mm×210mm　1/32

印　　张：7

书　　号：ISBN 978-7-111-70529-1

定　　价：59.00 元

客服电话：(010) 88361066　88379833　68326294　　投稿热线：(010) 88379007
华章网站：www.hzbook.com　　　　　　　　　　　　读者信箱：hzjg@hzbook.com

版权所有·侵权必究
封底无防伪标均为盗版

献给所有等待讲述的故事和愿意讲故事的人

赞誉

本书向大家介绍了一个创新且行之有效的内容构建体系。它给读者呈现了一个人人都梦寐以求的东西：故事的关联性。强烈推荐！

——杰伊·贝尔，Convince & Convert 公司创始人、《友利营销》(*Youtility*) 作者

《内容公式》兑现了它的承诺：梅拉妮在书中介绍的公式会点燃你表达想法的灵感之火，激发你以全新的方式创作内容。

——约翰·李·杜马，Entrepreneurs on Fire 播客创始人兼主持人

市场营销无须再添一本内容营销的书，但我们确实需要这本实用、易用、好用的指南。有了这本指南，我们就能通过 100 种不同的方式（没错，就是 100 种！）重新构建精

彩的想法。每个营销计划都应该应用这个内容公式。强烈推荐！

——安·汉德利，MarketingProfs 公司首席内容官
《华尔街日报》畅销书《众媒时代，我们该如何做内容》
（*Everybody Writes*）作者

梅拉妮·德齐尔的《内容公式》是当下许多企业需要关注的一本书。我已经在网上发表了 6000 多条推文，但我一定会在发下一条推文前多花点时间好好研究一下这本书。你也应该如此。

——米奇·乔尔，《分离的六个像素》（*Six Pixels of Separation*）
和《重启》（*CTRL ALT Delete*）作者

对任何一位内容创作者来说，最可怕的问题是："我该说些什么？"在本书中，梅拉妮不仅愉快地回答了这个问题，而且是通过一个极其强大且易于理解的公式做到了这一点。如果说真正的创造力是一台以内容为燃料的引擎，那么梅拉妮的公式则是帮助我们钻探石油的快捷方法。

——罗伯特·罗斯，The Content Advisory 公司首席策略师

内容创作是一项艰巨的工作，需要高度的一致性才能获得成功。制订计划固然重要，但知道从哪里着手才是关键。梅拉妮·德齐尔在《内容公式》一书中为你展示了方法。这是一本必读指南，它会帮你厘清思路，将你的创意成功

推向世界，并最终呈现一个可靠的、令人信赖的品牌。

——艾米·兰迪诺，"艾米视频"（AmyTV）创始人、
《美好早晨，美好生活》（*Good Morning，Good Life*）作者

对那些还挣扎于如何才能创作吸睛内容的营销者来说，《内容公式》一书就是他们的大救星。"焦点＋形式"是一种简单却极其有效的方法，它能激发出无数精彩创意来拯救任何内容营销方案。

——李·奥登，TopRank Marketing 首席执行官、联合创始人

如果你脑中的内容营销储备消耗殆尽，梅拉妮·德齐尔的书会把你领到一口深不见底且储备丰沛的创意之井前，你的思维将不再干涸。

——迈克尔·施特尔茨纳，Social Media Examiner 与 Social Media Marketing World 创始人

营销人员的水平取决于他们讲故事的能力。梅拉妮的有效内容战略开发公式无懈可击。对任何人来说，无论经验丰富的营销人员还是新手，都是游戏规则的改变者。来看看你的新秘密武器吧！《内容公式》不仅仅是一本书，更是一个行动计划，它能帮你将叙事水平提升到一个新的高度。准备好解锁这个迄今最有效、最有影响力的营销工具吧！读完《内容公式》之后再开始你的下一次头脑风暴！

——琪琪·冯·格里诺，Toast 传媒集团首席执行官兼联合创始人

在内容创作和营销的世界里，想要在当今这个嘈杂、拥挤的网络空间中脱颖而出变得越来越难。然而，还是有希望的！梅拉妮·德齐尔为我们奉上了一个梦寐以求的框架，帮助我们产出一个又一个创意，带来源源不断的高质量原创内容，这些内容将会让你在未来几年的市场中拥有一席之地。

——克里斯·达克，播客节目 YOU Preneur 主持人

梅拉妮·德齐尔向内容从业者、小企业主、内容专家和初学者提供了一个有用的战术框架，包括如何利用更有深度的问题激发创意，以及如何用更聪明的办法围绕内容日程制订计划。将产生想法的过程记录下来的做法，不但有助于读者调整自己的创意，也能帮他们想出接触不同受众的新方法，来让客户更快乐、更满足。这不正是意义所在吗？所有品牌营销团队每季都应做此练习！

——凯茜·麦克菲利普斯，内容营销协会营销副总裁

别被这本书的简单易读所迷惑……其实只是德齐尔让内容营销的复杂世界变得简单明了了而已。她强大的内容公式兑现了它的承诺——可以帮助读者在一次会议上就产出500多个创意！

——克里斯·温菲尔德，Super Connector 传媒公司首席执行官兼联合创始人

你有没有听过一个人的故事？这个人总是创造出极具价值、极具说服力和极具关联性的内容。她的故事从这本书开始，到帮助你获得成功结束。读一读这本书，并运用其中的理念和技巧，从此你就会过上幸福的生活。如果你是内容创作的主导者，这本书就是你的动力。

——罗恩·泰特，"Church+State"机构创始人、《想、做、说》(Think Do Say) 作者

即便是最坚定的内容创作者和故事讲述者，也会对想出创意心生恐惧。但梅拉妮有一种消除这种恐惧的方法——一个简便可靠的体系，它能创造性地为几乎所有的故事提供几十个甚至几百个有用且相关的全新视角。

——塔姆森·韦伯斯特，Find the Red Thread 机构创始人兼首席信息策略师

作为内容营销的先锋，梅拉妮是这一领域的佼佼者之一。尽管内容公式看起来只是由47个箭头互指的方框组成的呆板图形，但它简单好用，能让你从明天开始就产生更精彩的想法。

——乔·拉扎斯卡斯，Contently 公司市场营销副总裁、《无故事不营销》(The Story telling Edge) 作者

我不需要读这本书就知道，梅拉妮·德齐尔是内容营销和

品牌故事方面让大众遇问必求的专家。我们都需要她在《内容公式》中分享的实用技巧，从而成为快速高效的内容创造者。

——布赖恩·克拉克，Copyblogger Media
机构创始人兼首席执行官

请关注梅拉妮的公式，它会告诉你如何真正改变生成内容的思考方式。她的"焦点 + 形式"体系非常强大，能帮助你建构故事框架。你一定会喜欢这本书，会愿意和你的团队共享本书，它将改变你与世界分享信息的方式。

——尼恩·詹姆斯，Neen James Inc.
专注力专家兼主旨发言人

| 前言 |

有限的创造力

每天,有50多万个网站诞生;每分钟,有数百小时的视频上传;每秒钟,有数千条推文发布;每时每刻,有超过70万个播客在网络上更新内容。

这类统计数据每年都会更新发布,每次我看到它们都会有一些类似的思考。

其一,我们非常幸运。生活在一个创作和发表内容都如此民主的时代,我们可以轻易获得内容创作所需的工具和技术。互联网的出现和社交媒体的激增在很大程度上已经淘汰了昔日那些"决定哪些故事值得讲述,哪些内容可以分享"的审查人。现在,乃至可以预见的未来,我们人人都可以成为故事讲述者,这是一件多么美妙的事情啊!

其二,由于创作量庞大,内容消费变得愈发以受众为导向了。我们不可能把海量的内容都读完，⊖因此，我们必须提高期望值，提高阅读标准，并针对哪些材料值得花时间阅读做出更艰难的选择。于是乎，创作者和故事讲述者面临的压力今非昔比：我们必须创造出更具吸引力、更具辨识度的内容，才能让它们从繁复的内容中脱颖而出。

其三，前面提到的两种现实，给那些愿意投入时间和精力去创作非凡故事的人提供了巨大的机会。我认为这些不断增长的数字是一件好事：这说明会讲故事的人能继续在社会中大有作为。

一想到这，我就觉得自己心沐暖阳。因为，我一直是个会讲故事的人。从孩提时代开始我就是个会"做书"的人。我会把普通的纸对折做成小册子，在上面写上文字、贴上贴纸、画上图画，其中既有我在学校或家中戏剧化的经历重述，也有关于动物和外星人天马行空的创想。⊜

随着年龄的增长，我成为一个醉心阅读的人。我知道有影响力的故事必须吸引读者并发人深省。读书的时候，我的英语和文学课程成绩最好。我会抓住一切机会来打磨讲故事的技巧：我为中学年鉴撰稿，编辑高中文学杂志，

⊖ 我会定期宣布"内容破产"：清理我的播客列表，取消电子邮件中订阅的时事通讯，并从堆积如山的书架上挑出一堆从未读过的畅销书捐掉。

⊜ 虽然本书是我出版的第一本书，但用蜡笔画和闪光贴纸做成的那本《芭蕾舞者琪琪》可能才是我真正的处女作。

并在初中、高中、大学和研究生阶段担任过学校新闻出版物的主编。㊀

最终,还是新闻业俘获了我的芳心。我把撰写每一篇文章和完成每一项任务都看作一个机会,一个让我成为新话题撰写能手的机会。有了这样的机会,我就能学习和分享他人的故事,并运用我的才能与他人有效地分享资讯。对我来说,这种讲故事的生活就是梦想成真。

但我知道,并非所有人都会和我一样对内容创作的兴盛和越来越多的故事感到兴奋。对有些人来说,尤其是对那些本已满负荷工作却因此增加负担的内容创作者或制作人来说,每一个新推出的社交平台或每一种新潮的内容形式都是让人窒息的任务提醒,提醒他们还有很多工作得做,还有很多渴求高质量内容的受众需要满足。

有时,我们会问自己,创意能从何而来?从古代神话里来,从现代电影情节中来,从极富戏剧性的企业家创业故事中来。我们已习惯于这样的认知,认为创造力和灵感要么与生俱来,要么只能等灵光乍现。

有些人似乎天生就有创造力。对那些天生拥有独特创造力的幸运儿来说,他们的想法像流水般自如涌现。他们

㊀ "隔空"感谢圣弗朗西斯论坛、圣心高中论坛、康涅狄格大学《校园日报》,以及雪城大学"新闻之家"网站。

提出全新概念，推出革命性新品，颠覆整个行业，改变我们的思维方式。这些人被贴上了"创意天才"的标签，被捧上神坛，奉为超人，地位非凡。达·芬奇、居里夫人、史蒂夫·乔布斯、碧昂丝就是这类人的代表。

而对另一些人来说，伟大想法的诞生似乎只是运气使然。天时、地利、人和，当一切恰到好处时，他们就能以一种全新的方式发现或利用事物。瑞士工程师乔治·德·梅斯特拉尔在一次徒步旅行中偶然发现，芒刺总是粘在衣服上。一番调查研究后，他就发明了现在被称为魔术贴的钩毛搭扣。

如果我们真把想法的产生看成一种与生俱来的或在毫无征兆的情况下天赐的能力，那么我们就把自己的能动性从创造的过程中抽离了。我们催眠自己，我们只是没有"想法"，或者我们必须一直等待，等"好主意"准备好了自己找上门来……当灵感眷顾时……它终有一天会来……如果真有那么一天的话。

但事实是，只要有正确的框架，任何人都可以快速、轻松地生成创意。这，就是我将在这本书中提供给你的：一个历经检验的创意公式。这个公式可以一次产生 100 个甚至更多的创意。其实，这个公式就是一个便捷的子类列表，无论你需要创作什么类型的内容，你都可以用它来指导你进行头脑风暴。

  这个公式是我已使用了超过 15 年的一个方法汇编，它根据需要给无数平台产出了千万个独特创意。这个公式曾用在我为所有校刊提供的内容中。当我在《纽约时报》担任品牌内容首席编辑时，我用它为数百个有内容推广需求的品牌提供过创意。当我在 Inc.com 运营专栏时，我用这个公式来保持每月 6 篇文章的更新速度。我用它创作我的个人博客文章、公司在 YouTube 上的简介、创业营销计划，以及更多引人入胜的原创内容。

  这个框架并不只适用于我。

  我已经帮助成千上万人在研讨会、会议主题演讲和员工培训课程中成功应用这个公式。我观察到那些营销人员、专业推销员、工程师、创业者、企业家、学生等抱着怀疑的态度走进会议室，而一小时后，他们带着一个基于自己的创造力，写满创意和新观点的笔记本离开了。

  我希望，当你从头至尾读完本书后，这样的故事也会发生在你身上。在读完本书之际，你也会有一个写满全新创意的笔记本，并且你将对快速轻松地提出新的策略、想法重新充满信心。到那时，想出 100 个创意对你来说就如同在公园里漫步般轻松。

你知道吗？

本书附有配套练习册，可以在众多内容创作的过程中为你提供全程指导。前往 www.contentfuelframework.com/workbook 了解详情，并订购属于你的练习册吧！

目录

前言　有限的创造力

内容公式　　　　　　　　　　　　1

10 个焦点

焦点 1　/　人　　　　　　　　　24

焦点 2　/　基础信息　　　　　　31

焦点 3　/　细节　　　　　　　　37

焦点 4　/　历史　　　　　　　　44

焦点 5　/　过程　　　　　　　　49

焦点 6　/　筛选　　　　　　　　56

焦点 7　/　数据　　　　　　　　62

焦点 8　/　产品　　　　　　　　69

焦点 9　/　示例　　　　　　　　75

焦点 10　/　观点　　　　　　　81

内容焦点速查表　　　　　　　　87

10 种形式

形式 1	/	文案	90
形式 2	/	信息图	98
形式 3	/	音频	104
形式 4	/	视频	111
形式 5	/	直播	120
形式 6	/	图片库	126
形式 7	/	时间线	132
形式 8	/	测验	137
形式 9	/	工具	144
形式 10	/	地图	152

更多可以考虑的形式　　　　158

内容形式速查表　　　　　　170

XVII

| 内容倍增器 | 171 |
| 现在该做什么 | 182 |

如何助力本书	193
致谢	197
译者后记	203

内容公式

作为咨询师、顾问、培训师，我与各式各样的公司打过交道——有全球科技巨头、国家级保险公司、移动体育初创企业以及本地钻石零售商。我在研讨会上或高管培训课程中经常会问这样一个问题："为你的公司或品牌拿出100个创意需要多长时间？"

答案往往都是："我想不出来。"

当进一步剖析这一回答时，我发现他们当中许多人都怀有类似的忧虑：

- 我的创意从何而来？
- 我想不出新东西来该怎么办？

内容公式
如何产生无限的故事创意

- 我的创造力不够又该如何？

我想，你拿起这本书时，也会有类似的想法吧？没事，其他人也跟你一样！

也许你认为要想出 100 个创意是天方夜谭，但是在此之前，你不妨先想想你能否列出 100 个城市名、100 个生物名或 100 个人名？如果让你完成其中任何一项任务，你一定会制订出计划来，你会下意识地去细化出大类别下的子类别，从而帮助你进一步思考。

比如说列出 100 个城市名。你可能会从你居住过的城市开始，然后想到你在当地新闻上看过的周边城市，再到沿着州际公路你曾经过的城市。如果你是一个体育迷，你可能会发现自己列出了 NFL 球队、NBA 球队、MLB 球队和 NHL 球队⊖所在的城市。如果你经常旅行，你可能会列出有机场的大城市。如果你决定先从 50 个州的首府开始，你会发现你已经完成任务的一半了。

如果要你列出 100 个生物名，你可能会从常见的动物开始，比如宠物。接着是你家当地的动物，然后是你在动物园里看到的外来动物。你也可以选择按地

⊖ NFL：美国国家橄榄球联盟；NBA：美国职业篮球联赛；MLB：美国职业棒球大联盟；NHL：美国国家冰球联盟。

区或生态系统划分，首先列出海洋生物，然后是雨林生物，接着是沙漠生物，等等。

如果你的任务是列出100个人名，你可能会首先列出你自己的名字，然后是你的家人和好友的名字。当你快速过一遍这些人的名字时，你可能会想到一些其他的类别，比如你曾经或是现在的邻居、同事和同学。如果是根据你的兴趣来罗列，那你很有可能会用音乐家、演员、运动员、百老汇明星或政治家这些类别来帮助你思考。

任何类型的列表都可以按字母顺序来构建一个很好的框架。你可以列出从安克雷奇（Anchorage）到尤卡（Yuka）的城市名，从土豚（aardvark）到斑马（zebra）的动物名，或者从亚伦（Aaron）到齐克（Zeke）的人名。你也可以尝试按多少（人口、重量或字母数）或其他完全不同的顺序来创建列表。

说实话，你使用哪个框架并不重要，重要的是你有没有框架。这些框架就像你大脑里的护栏，引导你思考，自信地前进。

对于产出创意的任务，大多数人的问题在于缺乏一个生成这些创意的框架。我们没有现成的子类别来指导我们思考，并让我们快速有效地生成新的创意列表。

产出创意的秘诀在于，你要知道创意实际上就是两个要素——焦点和形式的结合。

创意 = 焦点 + 形式

焦点

内容焦点是"专注点"，是你正在审视、讨论、阐释、共享或传递的东西。

作为内容创作者和讲述者，我们的内容焦点是我们的信息，以及我们分享信息的方法。

例如，一条内容的焦点是一位人物。比如一家公司的创始人、一个曾经激励过你的人、一位业内知名人士，或是一名有着有趣经历的客户。内容可能有关于他们的生活、经历、背景、观点、喜好、家庭或其他相关的个人细节。我们将这种以一人或多人为焦点的内容称为以人为中心的内容。

或者，你有可能希望创作一条回顾过往的内容。例如一家公司的创业历程、一个产品或行业发展中的里程碑事件、一系列造就了当今形势的事件，或一种事物随时间推移而发生的演变。这些内容可能记录了过去的一些重要时间节点，呈现了相关人物、相关地点的老照片，引用了诸如日记或地图类的历史文献，当然，也包括过往事件的其他点点滴滴。以这种方式回顾的一段内容是以历史为中心的。

除了人与历史，其他对内容创作也会有所帮助的焦点包括：基础信息、细节、过程、筛选、数据、产品、示例和观点。接下来我们将会对这10个焦点进行深入探讨，你可以应用它们来优化自己的原创内容。

形式

"形式"一词最普遍的含义是指事物的形状、大小、包装，以及它的构成方式或材质。

对我们这些内容创作者或品牌故事讲述者而言，形式是可以赋予内容生命的：它是我们的想法脱离大脑进入现实世界，传递给受众的方式和手段。

除了10个焦点之外，我在用头脑风暴进行创作时，还喜欢用到10种形式：文案、信息图、音频、

内容公式
如何产生无限的故事创意

视频、直播、图片库、时间线、测验、工具和地图。这里提到的每一种形式都自有其妙用。

比如，如果你想与一位名人进行一次正式的长谈或采访，你可以逐字逐句地写下整个交流内容，然后以文案的形式分享给大家。但是，如果你希望让听众感受你的语气，感受你的每一次停顿、大笑和犹疑，你可以将对话录下来，以音频的形式分享给大家。

假设你想创作一段内容来指导你的观众更换特定型号汽车上的蛇形皮带，仅仅一篇单薄的文案可能无法为读者提供足够的细节。你可能想加上一些视觉材料，以确保观众能看到你的每一个动作，听到每一步的讲解。因此，如果以视频的形式呈现这段内容，效果可能会立竿见影。

本书的后半部分将详细探讨这 10 种（甚至更多）形式，分享更多关于如何运用这些形式来协助创作内容的方法。不过，要提醒大家注意的是，我们创作的和接触到的许多内容往往会以多种形式呈现。例如，文字介绍中总会附有视频、信息图或地图，而时间线上往往会加入文字、音频或图像的片段。这些由不同形式的内容组合而成的多媒体作品让产品的讲述更丰

满、更具吸引力、更有活力，极大地满足了受众对内容体验的期待。㊀

本书介绍的公式将会帮助你以更多样的方式来呈现每个故事，从而满足大众对多媒体形式日益增长的需求。在内容设计中运用本公式，它可能很快就会帮你养成一个新习惯——你会考虑用其他形式来替代或补充你讲述故事时惯用的形式。

你曾创作或使用过的所有内容几乎都可以通过这个公式来阐释：它们都具备焦点和形式。

想想 2014 年风靡全球的调查类播客节目《连环》。该广播剧的第一季讲述了一宗极具争议性的案件——18 岁的阿德南·赛义德在马里兰州的巴尔的摩谋杀了前女友李海芬。这个扣人心弦的故事在 iTunes 播客上雄踞榜首数周。无疑，《连环》轰动一时，是一个现象级文化作品。该播客聚焦于历史——案件、审判、阿德南和其他关键人物的历史，并通过音频的形式呈现。

焦点 = 历史

形式 = 音频

㊀ 多媒体内容也深得许多网络算法的青睐和优先排序，而这些算法操控着社交网络和搜索发现。

内容公式
如何产生无限的故事创意

你还记得 2013 年《纽约时报》上刊登的一个名叫"你们这些人怎么说"（How Y'all, Youse and You Guys Talk）的小测验吗？[一]这个小测验引起了大众广泛的关注，它包含 25 个选择题，询问受访者他们对一些常见事物和情况的看法。根据这些答案，会生成一张特定的美国地图，该图呈现了受访者生长、生活或居住过的重要地方，其准确性惊人。这些问题、数据和据此绘制出来的结果都来自哈佛大学的一项语言学研究。这一内容以数据为焦点，以测验和地图的形式呈现。

焦点 = 数据

形式 = 测验 + 地图

焦点先于形式

我们知道创意是由两样东西组成的：焦点和形式。

但关键在于：创作一个完整的创意，并不是只要有焦点和形式就可以的，这两个要素的先后顺序也很

[一] 你可以通过在 www.towardsdatascience.com 的搜索栏中输入标题来获取更多关于这个测验的信息。

重要。

我们总是先从焦点开始,然后确定最适合的讲故事的形式。

作为故事讲述者,我们的脑海中一旦有了焦点,就可以自问:"怎么讲故事才能更加生动?"

然而,人的本能往往是与此相悖的:我们的头脑会带着形式去思考内容。原因很简单,因为形式是大脑思考创意时更容易想到的方面。例如,作为内容消费者,我们对文字或视频的本质已经有了相同的看法,但是,到底是"以人为中心的内容"好,还是"以产品为中心的内容"好,说法可能就大相径庭了。

当思考始于形式而非焦点时,我们通常会认为"怎么说"比"说什么"更重要,但正确的顺序并非如此。

这些"形式优先"的头脑风暴对公司内容营销者和独立品牌的故事讲述者来说都太常见了。很多时候,头脑风暴讨论会或选题会都是在已经确定形式的基础上召开的。迫使我们想出一个"视频创意"或"信息图创意"或"文章创意"的只不过是高管要求或建议了一种特定的形式,或是迫于该内容需要在特

内容公式
如何产生无限的故事创意

定平台上发布。

这样的头脑风暴会导致创意的焦点和形式不相匹配。以不适合叙述或不符合受众需求的形式来讲故事，不仅剥夺了我们通过挖掘故事的深层含义产出精彩创意的机会，也无法令受众获得故事原本能提供的价值。

假设你所在公司的创始人有一个极具吸引力的背景和过往。如果你在开头脑风暴讨论会的时候已经决定想出一个"视频创意"，那你最终可能会做出一个味同嚼蜡的视频。这位创始人坐在白色背景前，直视镜头30分钟，按时间顺序分享他的人生故事。虽然从技术上讲，这是一个"视频创意"，但它绝不是分享创始人故事的最好方式——这种视频让人兴味索然。

但是，如果你遵循创意产生的正确顺序——先选择一个焦点，然后再确定一种形式，那么结果可能就大不一样了。比如你可以先问自己："如何让创始人的故事更加生动？"你了解到他对录制视频感觉不太自在，而且其背景故事很长，你可能会制定一个互动时间表，中途播放照片和音频片段，让受众觉得这个故事既新鲜又引人入胜，想要继续探索下去。

只有焦点先于形式，我们才能以最自然的方式展开和讲述故事，才会更好地服务于故事和受众双方。

内容公式简介

接下来的章节我们会探讨和说明一些常见的（或不太常见的）内容焦点和内容形式，希望能帮助你在未来的内容头脑风暴讨论会上激发更多的灵感和思考更多的选择。

了解主要的 10 个焦点和 10 个形式只是一个开始：对那些在咨询、会议研讨和企业培训期间与我合作过的创作者、生产者和战略家来说，仅仅罗列出这些方法并不能让头脑风暴变得更简单、更具策略性或更卓有成效。

为了让这个列表更实用和更具可操作性，我创建了内容公式。简单地说，这是一个矩阵或者说是一个网格表，由纵横 10 个焦点和 10 个形式组成，直观来看，它创造了 100 种焦点与形式的组合，以及 100 种讲述故事的方式。

本书的目的不是强迫你以 100 个焦点和形式的组合实际创作内容，而是鼓励你以新的内容组合来思考，并探索更多讲述故事的新途径。

内容公式
如何产生无限的故事创意

内容公式

	人	基础信息	细节	历史
文案				
信息图				
音频				
视频				
直播				
图片库				
时间线				
测验				
工具				
地图				

内容公式

焦点 × 形式

过程	筛选	数据	产品	示例	观点
💡	💡	💡	💡	💡	💡
💡	💡	💡	💡	💡	💡
💡	💡	💡	💡	💡	💡
💡	💡	💡	💡	💡	💡
💡	💡	💡	💡	💡	💡
💡	💡	💡	💡	💡	💡
💡	💡	💡	💡	💡	💡
💡	💡	💡	💡	💡	💡
💡	💡	💡	💡	💡	💡
💡	💡	💡	💡	💡	💡
💡	💡	💡	💡	💡	💡

内容公式
如何产生无限的故事创意

在研讨会或情景实训中，我经常用网格表作为游戏板。我将参与者分成几个小组，并给每组一对 10 面的骰子：黑色骰子上的 10 个数字代表内容焦点的 10 个选项，红色骰子上的 10 个数字代表内容形式的 10 个选项。我让他们掷骰子，随机创造一个焦点和形式的组合，并用几分钟进行头脑风暴，然后看看他们可以用这个组合想出什么样的内容。

绝大多数人的反馈是，这个练习不但为他们的产品、信息和故事创造了前所未有的思考方式，而且激励了他们用全新的方式来讲述故事。

虽然研讨会结束后，参与者想出的 100 个创意中有时只有一两个会最终成型，但是没关系，毕竟我们受到时间、预算和其他资源的限制。尽管我们很多人可能很喜欢以这种振奋人心的新方式来创作新的内容，但很少有人愿意花一整天来做这样的事情。

在这一点上，我并没有将内容公式设计成包含 100 个硬性想法的列表。（我知道，花时间去想那些你可能永远不会实现的新奇创意既不明智也没有趣味。㊀）相反，它旨在鼓励你以新的方式思考内容，加快创意的生成，并帮助你从最终生成的列表中遴选出最优项。

如何让内容公式服务于你

内容公式是一个 10×10 的矩阵，主要包含了本书重点讨论的 10 个焦点和 10 种形式。这些焦点和形式是与我共事的营销人员和创作者用得最多的。但我提出的方案，以及我推荐的焦点和形式，绝不是产生创意的"唯一正确的公式"。

我希望通过本书，让你认识到常用内容形式和焦点的巨大潜力，开发出一些你可能还未考虑到的焦点和形式，并组合成一个适合你自己的新内容公式。

以下是一些可以将你的资源和偏好考虑在内，定制出满足你的个性化需求的独特内容方法。

- **初探**：我建议大家先把这本书从头到尾读一遍。你会发现，我们探讨的部分内容焦点和形

㊀ 这种内容策略就好像试驾或试穿超预算的豪车或婚纱，当下感觉良好，但事后失望不已。

式对你来说是比较熟悉的，而另一些则需要你多花一点时间来思考。没关系，本书的目的就是帮助你了解更多的选择，有熟知的，也有新涉猎的，以便你可以在未来做出更具策略性和创造性的内容选择。

- **遴选**：通读了 10 个焦点和 10 种形式的章节之后，面对现有资源，你应该对选择何种方式和哪种方式你更感兴趣有了一个准确的判断。我想鼓励你拓展自己：不要只使用那些看起来熟悉和安全的方式，要尝试使用一些新的或有挑战性的方式，因为其中可能就藏有让你精神一振的新创意。

- **调整**：尽管我只使用了内容公式中的 10 个焦点和 10 种形式创建了一个 10×10 的网格表，但你可以根据需要来扩展或缩小这个矩阵，这取决于你想要的头脑风暴的焦点和形式。比如你可以将网格设置为 8 个焦点和 9 种形式，或者 7 个焦点和 13 种形式，或者 16 个焦点和 3 种形式。这取决于你自己。无论如何，只要记住，在每个轴上包含的焦点或形式越多，头脑风暴可以产生的潜在创意就越多。为了确保练习更有效果，我建议你要确保自己最终确定的网格可以产生至少 25 个创意。
- **倍增**：我们会从"内容倍增器"章节开始详细地讨论这个问题，不过其实也有一些简单的方法可以让单个创意产生多个变体，让你可以把最初的创意变成 3 个、5 个甚至 10 个新创意。在构建自己的矩阵时，不要忘记创建一个示例的参考列表。参考列表中列出的示例是"内容倍增器"章节中读者认为对自己最有意义的例子，这样你就可以将好的想法倍增为几个。

开始前的准备工作

就像在事业上（生活中亦是如此），你做出种种努力都是有目的的。若是没有先弄清楚自己为什么要进行头脑风暴的话，再激烈的脑力激荡也激发不出什么高明的点子。

遗憾的是，我没法准确地告诉你为什么要创作

内容公式
如何产生无限的故事创意

内容，不过我可以与你分享人们这样做的一些常见原因。希望其中的一个或几个能引起你的共鸣，帮助你找到自己的目标。

对许多人来说，内容创作是一项工作职能。比如，如果你在一家公司、教育机构或非营利组织的营销或公关团队工作，那么内容创作和推广可能就会是你的一种策略——用来实现高管团队设定的更宏大的组织目标。

一些人创作内容的目的可能是销售更多产品，招收更多学生，获得更多捐赠，提高客户忠诚度，或者培养潜在客户。

而对另外一些人来说，内容创作则是树立声誉、扩大影响力的工具。如果你是演说家、作家、顾问、网络红人、创造者、艺术家、自由职业者或企业家，那么内容创作和推广可能是你建立个人和专业品牌的一种方式。

你所创作的内容可以用来展示你的专业知识和才能，提高粉丝忠诚度，博取媒体关注，获得盈利机会，维持粉丝群体的活跃度以支持你的项目，甚至是支持你的产品。

但是，内容创作还可以用于其他目的。如果你想要创作，你的博客、YouTube 频道、在线漫画，或者你狗狗的 Instagram 账户都可以给你提供一个创造性的渠道来分享你的想法和发挥你的才能。你可能并不在意内容是否可以赚钱，你只是想拥有一个创作的空间。

如果你更积极一些，则可能会利用博客或社交活动来推动你喜欢的事业，促进行为改变和习惯养成，或者对你关注的组织给予更多支持。比起收益，你更关心是否有机会利用内容来实现改变。

在进入后面的章节之前，请花些时间回答本章最后的问题。它们可以帮助你更好地理解你需要或想要创作内容的原因——无论这些原因是否与此处列出的相似，或者完全是出于其他原因。

花点时间写出你的答案并研读结果当然有助于你明确自己创作内容的原因，然而，从根本上说，无论出于何种理由你都要应对同样的难题——你得用一种既能留住现有受众、吸引新受众，又能扩大你对世界的影响的方式来传递信息。故事，就能让我们做到这一点，而本书则可以让你源源不断地产生新的故事创意。这样，无论你是出于什么原因创作内容，都能实

内容公式
如何产生无限的故事创意

现你既定的目标了。

让我们来一探究竟吧!

• •

以下是一些提示,可以帮助你明确创作内容的目的:

我创作内容是因为……

我创作的内容的主要受众是……

理想情况下,我的内容会让受众……

我希望受众将我创作的内容描述为……

内容公式

我希望受众会说我创作的内容让他们觉得……

我想创作与我在……看到过的相似的内容。

我希望我创作的内容能让我觉得……

10
个焦点

人

以人为焦点的内容是关于一个人或一群人的故事。在新闻业,我们把这种以人为焦点的内容称为人物介绍或人物特写。

人物介绍的内容是关于个人的详细信息。它向受众提供包括主人公个性、观点、品质、背景、成就、行为、态度、信仰、爱好、影响力、风格和其他方方面面的介绍。

焦点 1
人

多数情况下，这类故事关注的是有新闻价值的人。这样受众就会对他们的故事产生足够的兴趣，从而投入更多时间去了解他们。知名人士（如音乐家、演员、运动员、政治家和其他公众人物）有影响力、有声誉、有粉丝基础，因此，他们的故事通常能引起受众很大的兴趣。

而没那么出名的人或是普通人则可能会通过他们的经历、成就、参与有新闻价值的事件或其他特别而吸睛的行为来获得大家的关注。[一]如果镜头追逐的是那些正在犯罪、做好事或展示高超技能的普通人，那这些片段就会激发公众广泛的好奇心，从而想要探究这些行为背后的人。这就是内容中提及的那些现象发挥作用了。

以人为焦点的内容通常会直接使用主人公自己提供的信息，包括访谈、言论或其参与过的其他种种事情。这些内容还常来自其他知情的人，如家人、朋友、同事或邻居。综合用主人公自己的介绍以

[一] 参见吉米·布雷斯林 1963 年为克利夫顿·波拉德——一位曾在阿灵顿为约翰·F.肯尼迪总统挖掘坟墓的人——所写的人物介绍。布雷斯林以这种独特的人物侧写而闻名。1986 年，他因"为始终支持普通公民的专栏撰稿"而获得普利策奖。

及认识他的人对他的介绍，能够较完整地呈现人物形象。

虽然多数人物介绍都是关于单个人的，但要创作一个以人为焦点的关于关系亲密的一群人（家庭、团队、俱乐部、部门、班级或联系紧密的社区）的故事也并非不可能。

以人为焦点的内容，尤其是公司创作的内容，一般都会密切关注组织内部的人。然而，若讲述的故事有关他人，如客户、社区合作伙伴、邻居、供应商，则可以让组织将聚光灯集中到那些影响组织并展示组织价值的人身上。

当这些内容聚焦于某个值得注意的人身上时，其名字往往会出现在文章的标题中。而当此人的名字可能不为人所知时，其成就或与故事的关联点就会出现在标题中。以下是以人为焦点的新闻标题：

- "**某人**：肩负使命的候选人"。
- "**某人**是如何改变电影行业的"。
- "来看看今年大热美食风潮背后的**大厨**吧"。
- "'言论'：阻止抢劫的痞子英雄"。

以人为焦点的内容示例

很多时候，以人为焦点的内容，其目的是介绍一位杰出的人物，或将一位公众人物的隐私分享给读者。在这种情况下，目标和难点就是获取受众不知道的关于这个主题的新信息。

- 时尚博主可能会介绍一位知名设计师，看看他最近在亚洲的经历对他的工作产生了何种影响，希望他能分享对此次亚洲之行的新见解。
- 科技公司则可能会发布一段长篇采访，揭秘即将离任的首席执行官在公司任职期间的新鲜事和宝贵经验，并分享她人生下一阶段的新计划。

有时，以人为焦点的内容也可尝试截然相反的方法——将焦点对准未知的事物。在这种情况下，将不认识的人介绍给观众，通常反而能引起受众更大的探索欲。

- 非营利组织可以为一位曾在其项目、援助或筹款中受益的人创作一篇文字介绍。该介绍可通过展示组织如何直接影响个人的生活来突出非营利组织工作的影响力。
- 体育用品专营店可以制作一段视频来记录球场管理员的一天,向受众展示如何保持场馆设施的清洁、安全,以及保持场馆可供定期比赛使用所需完成的所有工作,让球迷们对球队中的非运动员成员有新的认识。

在以人为焦点的内容中,以下这些类型的人可能会是不错的聚焦对象。

- 核心参与者:高管成员、官员、主管、领导人、决策者、候选人、名人、意见领袖。
- 主要参与者:雇员、职员、教员、学生、工人、船员。
- 支持单位/合作伙伴:顾客、客户、会员、订阅者、粉丝、用户、与会者、参与者、供应商、提供商、赞助商、广告商、捐赠者、捐助人。
- 杰出人士:优胜者、纪录保持者、决赛选手、第一名、英雄、获奖人。

- 过去的人物：离任者、被免职者、校友、前辈、长辈、退休人员。
- 未来的人物：新人、继任者、新任者、后起之秀、未来之星。
- 其他人物：无名氏、邻居、竞争者、创造者、发明者、反对派、慈善团体。

创作以人为焦点的内容时需要考虑的问题

▶ 哪些人是受众愿意深入了解的？

▶ 哪些人就算受众不提也应当去了解？哪些人参与了故事，却还未被关注到？

▶ 为避免出现一些基础问题，我们可以提前做哪些调研？

▶ 有没有新颖的视角可以用来讲述主人公的故事？关于主人公的故事，我们还有哪些方面是之前还未谈到过的？关于此人，哪些问题是之前不太可能听说的？

▶ 有谁对主人公特别了解，能够告诉我们更多关于主

内容公式
如何产生无限的故事创意

人公的看法?

▶ 主人公是否曾说过一些特别有影响力的话,可否引用到故事中来给出更好的阐释?

• •

请访问 www.contentfuelframework.com/focuses,并点击选项"人"(People),查看创作以人为焦点的内容的辅助工具和其他资源列表。

基础信息

　　以基础信息为焦点的内容，其目的是对主题进行一个总体概述，向大家提供定义、背景、情境和其他方面的参考信息。

　　有关基础信息的内容可以看作是"入门"内容，或试图帮助那些可能对主题一无所知或知之甚少的受众更好地理解主题的内容。鉴于其目的是提供介绍性信息，因此，以基础信息为焦点的内容通常以清晰而简明的方式呈现，以帮助受众快速、轻松地阅读。

通常，以基础信息为焦点的内容旨在为原本复杂的主题提供易于理解的阐释。这一类型的内容往往聚焦于突然闯入社会话题范围或大众认知范围的主题，如时事、流行文化、俚语、新兴技术、后起之秀、高成长企业。

以基础信息为焦点的内容通常易于识别，因为其标题或标题结构会有所体现，相关领域的新手读者能一眼就看出内容是为他们所创作。这类文章往往有这样的标题：

- "比特币**初学者指南**"。
- "迁往纽约：你需要了解的**基本**信息"。
- "流浪犬领养**须知**"。
- "电子烟**面面谈**"。
- "抵押贷款**入门谈**"。

这种类型的内容通常是形成内容策略的基础，它涵盖了大行业或小众领域的所有关键术语、趋势、人员和其他内容。由于这种内容一般大同小异，所以，对许多内容创作者来说，如果他们在同一行业或领域工作，可能会希望建立一个相关内容的共享基础信息库。提供这种共享内容可以确保想要了解这一主题的人不必向竞争对手寻求信息。

出于这个原因，最好能根据以基础信息为焦点的内容列出大量可能的想法，并在更适时的活动背景下构建这些内容基础。构建这些内容基础对新手内容创作者来说是很好的练手任务，在创作相关内容资源不足的时候，它们也可以成为很好的填充内容。

以基础信息为焦点的内容示例

许多以基础信息为焦点的内容旨在为复杂主题提供一个基础信息速查表，这样人们就可以在一个主题上达到基本的理解水平或顺畅的交流程度，而不必花费大量的时间或精力亲自研究。

- 物理学家可能会在她的博客上写一篇题为"希格斯玻色子到底是什么"的短文，来解释这种亚原子粒子的起源、命名和其他基本细节。

- 大型体育赛事品牌赞助商可以制作一段两分钟的视频，解释比赛的基本规则，再辅以一些关键术语和其他背景知识，帮助那些对比赛不太熟悉的人观看比赛。

同样，趋势简报可以提供一个新兴话题的基本概况，让受众了解一个正逐渐发酵或愈发受到关注的主题。这些内容片段的功能与速查表的功能基本相同，不过往往出现得更及时，以回应突然引起公众注意的事件。

- 营销思想大师可能会在 YouTube 上创作一个视频，名为"关于 Facebook 最新算法更新，你需要知道的 3 件事"，帮助粉丝了解该社交网络新闻推送规则最新变化的基础知识。㊀

部分内容可以通过提供关于给定主题的几个关键元素（无论是个人、术语还是其他影响因素）的简单细节来聚焦于基础信息。这些内容片段通常以列表的

㊀ 还有，只要算法更新，他们就可以制作一个新版视频。

形式组织起来，或者拆分为多个板块呈现。

- 咖啡店可能会制作一个标题为"咖啡馆基础词汇"的小型图示指南，用以说明顾客在其菜单上看到的常见饮料条目和特有名称，让他们可以更怡然自得地点餐，对菜单内容更加了然于胸。
- 珠宝商则可能会写一篇短文来解释钻石切工的重要性，并提供五种常见切割方式的清晰描述，以帮助客户了解如何评估、选择和购买切工精美的钻石。

创作以基础信息为焦点的内容时需要考虑的问题

▶ 受众需要更多地了解哪些基础信息？

▶ 如果有人第一次接触这个话题，他们需要了解什么？

▶ 哪些术语、人物、地点、物品或其他事物可能会让受众感到困惑？

▶ 要成为懂行的客户，受众需要了解些什么？

内容公式
如何产生无限的故事创意

- 哪些新兴潮流可能需要受众了解更多的背景知识?
- 受众提出的哪些问题是可以解答的?受众关注的哪些问题是可以通过关键词研究总结出来的?通过社交媒体可以发现受众关心哪些问题?受众会问销售人员、客服人员等哪些常见问题?

请访问 www.contentfuelframework.com/focuses,并点击"基础信息"(Basics),查看创作以基础信息为焦点的内容的辅助工具和其他资源列表。

细　节

　　当内容以细节为焦点时，其目的是对特定主题提供一个长而全面的描述，或者说以不同方式深入审视主题。

　　相较于上一章讨论的以基础信息为焦点的内容，以细节为焦点的内容呈现的是更为深层的信息。以基础信息为焦点的内容仅提供关于某个主题的介绍性信息，而以细节为焦点的内容则假设读者对主题已有基

内容公式
如何产生无限的故事创意

本的了解，希望通过更详细的信息来深化他们对内容的理解。

记者们可能会将此类内容称为深度内容或长文。这种内容会提供大量信息，因此，篇幅往往要超出平均字数、普通版面长度或一般播放时长，才能达到必要的深度和细节度。

和以基础信息为焦点的内容一样，以细节为焦点的内容通常可以通过标题和标题结构来识别，这些标题往往假定受众对主题具备一定的认知水平。深度内容的标题通常如下：

- "**专家解读**区块链"。
- "选举团：**进阶指南**"。
- "购房**百事通**"。
- "太空探索**全史**"。
- "**如何像专业选手** / **专家** / **超级马拉松运动员** / **奥运选手**那样备赛"。

以基础信息为焦点的内容通常被用作参考资料，它向观众提供极具教育意义的知识，不断吸引新的受众，然后又一次次重回受众面前。因此，定期修改和更新这类内容是明智的（甚至是必要的），只有这样，才能确保在关于该主题的新信息、新研究或新发展出现时，保持相关性和准确性。

以细节为焦点的内容往往需要更长的创作时间，因为编撰相关必要的细节需要花费大量的时间进行充分研究。由于创作这种类型的内容需要时间和其他资源，所以，它是月度、季度或年度内容的绝佳选择，可以作为其他更新频繁的焦点内容的固定文本。

虽然在以细节为焦点的内容中找到关注新兴趋势的例子并非不可能，但这确实不常见。因为在这一趋势被正确地研究、发布和分享前，其受欢迎的程度可能会跌宕起伏。

以细节为焦点的内容示例

与以基础信息为焦点的内容相比，以细节为焦点的内容对主题的探讨往往让读者更容易理解。为此，我们专门从"焦点2 基础信息"这一章中摘选以下例子，并对其进行细节调整，以期呈现一种以细节为焦点的更深入、更全面的内容创作法。

在前一章中，我们讨论了如何将以基础信息为焦点的复杂主题浓缩为速查表以供快速查阅。但是，当内容聚焦于细节信息的呈现时，则需要一个更全面的指南。这类内容的创作目的就是为受众提供与给定主题相关的信息的一站式服务。

- 物理学家可能会在她的博客上撰写一篇题为"希格斯玻色子全史"的深度文章。该文将非常细致地阐述粒子的重要性，详细说明确认粒子存在的各种尝试，总结其发现者的工作和生活，并提及近期有关这一主题的文献，帮助读者继续对其进行细致的探讨。
- 大型体育赛事赞助商可能会制作一段 10 分钟的视频来吸引超级粉丝。这段视频将提供这场比赛的详细历史介绍，分享往届比赛的影像片段，梳理场地的信息，介绍参加竞赛的主要球队和球员，并对即将进行比赛的相关数据、预测、分析和评论进行深入回顾。

正如我们谈到的，趋势简报对以细节为焦点的内

焦点3
细　节

容来说往往不太常见。因为对细节程度的苛求会限制其发布的及时性。不过，话虽如此，趋势还是可以通过趋势回顾的方式进行详细呈现的。无论在该趋势达到顶峰之后，还是证明其后劲之后，都可以对其进行更细致的探索。

- 营销思想大师可能会制作一个15分钟的YouTube视频，名为"Facebook最新算法更新，你需要知道的事"，分享他们对其进行的为期两周的测试结果，以确认更新的重要性，向使用者提供相关可用资源的详细分析，并将这次的更新与之前的一些更新进行对比。

以基础信息为焦点的内容可能只关注某一特定问题的关键要素，而以细节为焦点的内容则采用更彻底的方法，试图就某一特定主题撰写一份更深入的报告，其涵盖的内容不仅限于最基本或最重要的要素。

- 咖啡店可能会创作一篇名为"如何像咖啡师一样煮咖啡"的文章，详细说明咖啡制备过程的

内容公式
如何产生无限的故事创意

每一个步骤——识别不同的烘焙方式、研磨咖啡豆、用不同的方法酿造、操作浓缩咖啡机、学习不同的咖啡配方，等等。⊖

- 珠宝商可能会创作一篇深度内容，说明钻石的4C 标准——克拉（Carat）、切工（Cut）、颜色（Color）和净度（Clarity），从而帮助鉴赏力更高的购物者了解有关钻石质量的所有信息，包括这些要素的测量方法、用于称量的秤、谁来认证钻石、每个要素如何影响钻石价格，以及在讨论钻石的质量和价格时可能会出现的其他考量因素。

· ·

创作以细节为焦点的内容时需要考虑的问题

▶ 是否有以基础信息为焦点的现成的内容可以扩展？
▶ 这篇文章的受众层次如何？
▶ 对于这个主题，高层次受众想要更多地了解些什么？

⊖ 我超爱咖啡，所以请做好准备，这绝不是本书最后一次提到咖啡！

焦点 3
细 节

- 什么样的细节程度符合受众的理解水平?
- 哪些研究可以为这一内容增加可靠细节?
- 哪些专家观点或额外的资料来源会增加这篇文章的可信度?
- 创作一篇内容极其详尽的文章需要多长时间?
- 一个以基础信息为焦点的补充作品能轻松契合这篇文章吗?
- 抛开内容的深度或长度,如何组织文章内容才能使其易于理解?

请访问 www.contentfuelframework.com/focuses,并点击选项"细节"(Details),查看创作以细节为焦点的内容的辅助工具和其他资源列表。

历　史

以历史为焦点的内容旨在提供有关某个特定主题的过往信息——无论是一个物体、事件、产品、行业、个人、组织，还是其他主题。

一段关注历史的内容需要回顾过去，涉及的时间通常要比内容创作者能够经历或记住的时间更为久远。故此，与其他类型的内容相比，以历史为焦点的内容通常需要更多的时间、调研和外部资源，以使内

焦点 4
历　　史

容更加完整和准确。

历史内容一般适用期较长，因为它讲的是已经发生的事情。所以，除了可能会添加些新信息外，基本不需要校订或更改。照此来看，可以把一篇经过充分调研的历史内容作为资源，并在成稿后很长一段时间内持续为受众提供价值。

同样值得注意的是，历史内容不需要关注你自己的历史。事实上，可能也不应该关注。探索那些不涉及自己的经验或产品的历史对研究来说更有趣，也更能让你的受众饶有趣味地融入其中。

创作以历史为焦点的内容能够让你有机会探索众多领域——行业、品类、特品、技术、事件、个人、组织、团队、地域、结构、地标、传统、行为、习惯、信仰、潮流、语言，等等。

以历史为焦点的内容往往可以通过标题和标题结构来识别。这些标题通过表示时间的词语暗示回顾过去。历史内容的标题可能如下：

- "塑身内衣**史**"。
- "百年电影**回顾**"。

- "自动驾驶汽车：**我们是如何来到**这里的"。[1]
- "制冷技术的**演变**"。

以历史为焦点的内容示例

常见的历史内容多是讲述有关起源的故事，诸如组织或管理者的历史。这些内容往往出现在网站的静态页面上，比如"关于我"或"我们的历史"。它们是对历史事件的简单写照，提供个人或组织的信息。

- 拥有农场的家族可能会在其网站上设置"历史"一栏，介绍农场的详细信息以及过去五代农场的生产情况，并附上家庭照片、农贸市场的旧海报和族谱。
- 创业者的个人网站上可能有一个"关于"的页面，分享他们孩提时代的故事和接受教育的相关细节，以及那些指引他们从事当下事业的过往工作经历。

---

[1] "我们是如何来到这里的"是一个有趣的双关，它既可以指自动驾驶汽车行驶到此地的故事，也适用于对无人驾驶主题相关内容的回顾。

讲动态发展的内容则更注重演变或趋势，它旨在追溯当前日期之前特定主题的变化或进展。这种类型的故事倾向于以一篇独立文章的形式存在，而不是作为静态网页上的一个板块。

- 科技博客可能会撰写一篇长文，说明数字货币的产生和演变——从最初使用这个词到如今，不同类型的数字货币是何时和怎么流行起来的，市场是如何反应的，监管是如何变化的，以及大众舆论是如何转变的。
- 政客可能会创作一篇博文来支持一项即将出台的法案，分享法案所涉问题的历史，需求是如何随着时间的推移而演变的，以及为何之前的法规和政客未能恰当地解决问题。

创作以历史为焦点的内容时需要考虑的问题

▶ 这个特定的主题或话题是否有丰富的历史史实可供探索？
▶ 随着时间的推移，这个主题的流行度、认知度或其

内容公式
如何产生无限的故事创意

他方面是否发生了变化？

- ▶ 为了提供所有相关的历史背景，这些内容应该追溯到什么时候？
- ▶ 是否有必要进行专门研究，以找到准确的历史信息和内容资产？使用这些内容资产是否需要获得特殊授权？
- ▶ 哪些具备相关资质的人是该主题的百事通，他们能提供专家信息、说明、证明或其他背景信息来提升主题价值吗？
- ▶ 有没有图书馆、历史学会或其他组织和渠道可以帮助我们收集和寻找这些历史资源？
- ▶ 研究这一主题的历史是否可以挖掘出一些其他可以讲述的故事？

• •

请访问 www.contentfuelframework.com/focuses，并点击选项"历史"（History），查看创作以历史为焦点的内容的辅助工具和其他资源列表。

过　程

以过程为焦点的内容旨在帮助观众理解事情是如何发生的，有时甚至可以帮助他们还原整个过程。

大多数情况下，以过程为焦点的内容是指导性的，以一组有序的步骤呈现，目的是帮助读者完成一个过程。这类内容主要呈现一个人可能需要完成的各种过程——修复、创建、启动、停止、增加、减少、

49

内容公式
如何产生无限的故事创意

选择、适应、编辑、调整、替换、更新、安装、设置，等等。

这类内容可能聚焦于一些较为具体的过程，比如更换笔记本电脑内部的一个部件，或者用旧 T 恤制作被子；也可能聚焦于一些较为抽象的过程，比如应对悲伤、选择大学专业或确定婴儿哭泣的原因。

其他时候，以过程为焦点的内容可能只是描述或分享一个过程，并无打算让观众复制它。这类内容通常会分享有关过程的幕后信息，观众可能对此很好奇，但又无法通过其他方式看到这些信息。

探索频道的节目《造物小百科》就是一个很好的例子。每集 30 分钟的电视节目展示来自四个不同工厂的视频片段，带领观众了解四种不同产品的制作过程。[一] 在第 3 季第 6 集中，观众学习了制作酸奶、蜡烛、霓虹灯和书籍装订的步骤。在第 25 季第 10 集中，节目说明了制作山地车悬架、外科缝线、谷物烘干机和煎锅的过程。

就算观众碰巧有制作的原材料、机器、工具、认

[一] 自节目首登荧幕，《造物小百科》已经播出了 400 多集了！每集都会推出四种产品，探索频道已经展示了超过 1600 件物品的制作过程！

焦点 5
过　程

证和经验,他们也不太可能为了亲手做个霓虹灯或谷物烘干机就专门调到该节目看这 5 分钟的视频和解说。其实,这个节目只是让观众得以一窥工厂、设施、行业和过程——那些普通观众可能永远无法看到的东西,这会让他们看了之后觉得自己变得冰雪聪明、茅塞顿开了。

以过程为焦点的内容无论指导性的还是信息性的,都具有教育意义,因为这些内容向受众介绍了他们之前不明究竟的过程。

以过程为焦点的内容,其标题往往也有一些共性,比如:

- "**如何**创建自己的 YouTube 频道"。
- "宜家黑客大改造:**一步一步**定制衣柜"。
- "**如何**成为一名飞行员"。
- "**如何**制造/修复/装运/更新计算机"。
- "巴黎时装秀**幕后**大放送"。

注意:如果重复一些过程,有可能会给受众或其他人带来伤害,无论你的意图是告知还是指示,重要的是要考虑提供有关过程详细信息的后果。与犯罪活动、自残、武器制造和其他危险行为相关的探索过程虽然可以教育受众，但也在不知不觉中促使或鼓励了不良行为者完成这些过程。在创作侧重于潜在危险过程的内容之前，一定要停下来思考一下，教育的价值是否大大超过了伤害的风险，以及应该如何进一步降低伤害的风险。

以过程为焦点的内容示例

大多数以过程为焦点的内容都是指导性内容，给大家分享的都是需要遵循的步骤。由于内容是完成某一过程的指南，因此往往会非常详细，并且包括多种内容形式——文案、图表、照片等，以帮助观众完成内容所描述的过程。

- 营销顾问可能会为了举办一个小型Facebook广告活动编制一份活动开展的分步指南。
- 水管工可能会制作一个视频，展示如何让马桶停止运行，打开水箱并调整里面的部件，这样观众可以同步操作。

焦点 5
过　程

在各类指导性内容中，还包括各种各样的食谱。这类食谱会跟观众分享配料表、分量清单和制作说明，其目标就是让观众按照步骤做东西。㊀

通常情况下，食谱对观众来说是专指制作可以吃或喝的东西（如早餐、午餐、晚餐、小吃、鸡尾酒、冰沙或甜点）的配方。不过，"配方"偶尔也会用于其最终产品不能食用的改造或混合过程，比如制作家用清洁用品、美容产品和工艺品。

- 美食博主可以制作一个电子相册，分享著名的无麸质香蕉面包制作过程，展示每个步骤的配料、分量、说明和效果图。
- 专注于绿色环保和减少浪费的研究人员、演讲者和作家可能会分享一份家用全天然玻璃清洁剂的书面配方。

以过程为焦点的内容也可以介绍幕后信息。观众只需观看过程而无须自己复制。

㊀ 虽然大多数食谱的目的是提供指导，但我们大多数人在社交媒体上观看食谱视频时，都没有想要动手的意愿，只是把这些视频看成信息性的。

- 运动员可能会制作一系列类似日记的视频，让粉丝有一种与他们一起旅行，一起训练，以及为大赛做准备的感觉，以一种内部揭秘的方式将粉丝带入他们的过程和世界。
- 学术机构可能会制作一份书面指南，分享他们如何评估申请书，详细介绍他们评审的标准、审查的材料和提出的问题，以帮助未来的学生和家长们更好地熟悉招生过程。

创作以过程为焦点的内容时需要考虑的问题

▶ 观众在哪些过程中需要建议、指导或帮助？能否以一种有效的方式分享更多有关这些过程的信息？

▶ 内容是指导性的还是信息性的？

▶ 是否已经有相关重要信息对此过程提供了指导？是否可以为此过程提供不同的视角、方法或改编？

▶ 讲授这一过程需要哪些专业知识？这些专业知识可以内部获取，还是需要外部专家提供？

▶ 每个步骤的描述需要多详细？在观众需要时，是

焦点 5
过　程

否提供了充分的细节，让他们能正确地复制每个步骤？

▶ 为该过程提供指导是否存在任何法律、伦理或道德问题？

请访问 www.contentfuelframework.com/focuses，并点击选项"过程"（Process），查看创作以过程为焦点的内容的辅助工具和其他资源列表。

筛 选

当内容以筛选为焦点时,该内容由一个刻意选择的项目列表组成,以便根据指定特征或基于特定标准进行选择。

关于筛选的内容是旨在汇集和展示一组待售商品、想挑选的物品、具有某个共同主题的信息或其他内容相关的集合。你可以对礼物、球员、度假胜地、历史人物、手机应用、励志名言、歌曲或其他列表进

焦点 6
筛　　选

行筛选。

筛选的关键是缩小所有可能的选项范围，只选择那些符合特定标准或满足指定特征的项目。[一]虽然有些关于筛选的内容并未分享或公开选择标准，但是大多数都会提到将列表范围缩小到几个选定项目的逻辑。

有些内容是基于客观的筛选标准进行选择的，如大小、成本、评级、远近或其他的数据值。

例如，如果你要筛选出"梅丽尔·斯特里普主演的电影"，标准很简单，就是梅丽尔出现在电影中。你还可以根据她的电影票房收入选出"梅丽尔·斯特里普10大卖座电影"，或者根据某一网站的影迷评分排名，选出"梅丽尔·斯特里普10大高分电影"。

其他内容的筛选更加主观，如"我的最爱""我认为的好礼物"或"我心中最美味的食物"。这些类型的内容是根据个人喜好筛选的，也属于以观点为焦点的内容。关于观点，我们将在"焦点10"那一章中探讨。

在缺乏资源（无论是时间、金钱还是其他资源）

[一] 如果你没有选择标准来缩小范围，那最终得到的定是个详尽无遗的项目列表。这些列表作为参考资料可能有一定的价值，但它们并未经过精挑细选，因而价值甚微。

内容公式
如何产生无限的故事创意

的时候,"筛选"是一个不错的焦点选择,因为它可以选择一组现成的项目作为内容的结构,而不需要从头开始创建整个内容。

由于有关筛选的内容往往是多个项目的集合,因此这一类型的内容标题通常包含数字、复数名词或暗示其经过筛选的性质,如下所示:

- "应届毕业生喜欢的 **37 件礼物**"。
- "你是否错过了我们本年度 **15 个最受欢迎**的帖子"。
- "科技公司**顶级**创始人分享给初创者的建议"。
- "试试**这些**让上午的工作更有效率的小窍门"。

虽然关于筛选的内容可以独立成稿,但其实许多平台已经提供了相关的内置功能,让你可以在相应功能区管理内容。比如,你可以在 YouTube 上创建相关视频的精选播放列表⊖,或在"声田"⊜等流媒体音乐平台上创建一组歌曲播放列表。

⊖ 前往 www.youtube.com/melaniedeziel,查看我们为你准备的 YouTube 视频精选播放列表,它们将助你讲述更精彩的故事!
⊜ 声田(Spotify)起源于瑞典,是全球最大的正版流媒体音乐服务商之一。

焦点6
筛 选

以筛选为焦点的内容示例

许多关于筛选的内容常以综述的形式出现。作者挑选并收集一组项目,但不会按特定顺序呈现这些项目。虽然这些精选项目通常有明确的选择标准,可以通过一些共有的特征在列表中统一呈现,但它们排列的顺序对列表的影响要么是随机的,要么是无关紧要的。

- 餐厅用品商店可能会发布一篇博客文章,分享"让你在厨房里节省时间的 10 种天才工具"——鳄梨切片机、压蒜器、蛋黄分离器等。这些是根据最有效的工具来进行选择的,它们可以减少完成一般厨房任务所需的时间。
- 社交媒体大会可能会在年会之前列出"社交媒体营销者必读的 50 本书",以及由活动演讲者、大会负责人和其他行业领军人撰写的相关书籍清单。

与综述类似的是排名,这种类型的内容也会列一个项目列表,但会根据特定的标准以刻意的顺序呈现项目。例如,可能会根据价格、大小、性能、受欢迎程度或评分对项目进行客观排序。

内容公式
如何产生无限的故事创意

- 豪华旅行社可能会创建一个全球 10 大最奢华酒店房间排名，根据每晚的价格按升序排列，最昂贵的房间位于列表的最后。
- 教育机构可能会创建一个最受欢迎的大学专业排行榜，根据报考该专业的注册学生人数，按照从最受欢迎到最不受欢迎的顺序对每个专业进行排名。

创作筛选内容的另一种常用方法是列一个链接列表，直接链接到读者可能感兴趣的其他资源。这可能包括你创建的其他内容的链接或者他人创建的外部资源链接。

- 提供搜索引擎优化服务的机构可能会创建一个最佳搜索引擎，优化书籍、博客、课程、活动和播客列表，帮助他们的受众找到相关的教育资源，并就他们的共同兴趣建立联系。
- 每个明智的博主都会列出一份其过去 12 个月最热门或最受喜爱的内容年终清单，重新展示自己的热门内容以获得更多关注，为仍有潜力的内容获取新的关注度，并突出他及其团队全年所做的所有努力。

创作以筛选为焦点的内容时需要考虑的问题

- 此内容筛选了什么项目？
- 此内容中应包含多少个项目？包含更多或更少的项目会更好地服务于主题或受众吗？
- 这篇内容是筛选自己的项目，还是别人的项目，或是两者的组合？
- 筛选项目的标准是什么？筛选标准是否会向受众公开或解释？如何或在哪里向受众公开或解释筛选标准？
- 筛选出来的项目是否会按特定顺序排列？排序依据的是客观标准还是主观标准？何种顺序对受众或主题最有意义？

请访问 www.contentfuelframework.com/focuses，并点击选项"筛选"（Curation），查看创作以筛选为焦点的内容的辅助工具和其他资源列表。

数　据

以数据为焦点的内容旨在通过数值、统计、趋势或其他事实和数字集合来讲述故事。

原始数据或初始研究一般会提供海量的信息,这对大多数人来说是无用的。普通受众少有时间、不具备专业知识,也没有意愿通过整理庞大的数据集来确定可以学到什么。故此,以数据为焦点的内容最好可以对数据中关联性最强的数据集进行排序、凝练、分

焦点 7
数　据

析和重组，以生成一组更易理解的信息。

许多以数据为焦点的内容都是基于原创研究数据或专有数据，也就是那些你发现、拥有或以其他方式掌控的数据。这些数据可能是关于你的客户、产品、员工或销售情况的数据，也可能是通过你的研究、焦点小组访谈或其他方式的研究收集的数据。

进行原创研究或使用专有数据的优点之一是：它可以让你第一个分享信息，没有竞争。如果关于某一发现的内容是首次分享，随后其他想讨论或引用这一发现的人很可能会链接原始内容，这对提升该内容的点击量、口碑和搜索排名大有助益。

当原始数据不足以证明独著文章的合理性时，它仍可用来定性、补充或完善其他内容。通常，这些以数据为焦点的内容可以以"常规的"侧边栏、信息图或其他形式来呈现。

例如，如果一所大学正在创作一篇以历史为焦点的文章，讲述该校女子篮球队长期称霸篮坛的故事。[一]他们可能会在这篇文章中加入一个段落或

[一] 我在康涅狄格州长大，整个州是康涅狄格大学女子篮球队的地盘。我妈妈的车尾贴上写着，"康涅狄格大学：男人只是男人，女人都是冠军"。

补充报道，分享一些特别有意思的数据：总冠军次数、四强次数、不败赛季数、最长连胜纪录或教练的胜率。㊀

当然，由于访问受限、资源不足或隐私问题，进行原创研究或使用专有数据并不总是可行的。确保数据的准确性、一致性、可靠性和可验证性，相比于将数据合理地分配给某个项目，需要更多的时间、金钱、工具和专业知识。

不过，无法进行研究也不会妨碍你创作以数据为焦点的内容。事实上，一些最引人注目的以数据为焦点的内容多是通过对他人收集和共享的数据进行分析创作的，或者是通过组合几个不同的数据源，呈现全新的联系和看法而创作的。

以数据为焦点的内容标题通常包含对其焦点的提示，包括对数据来源的引用或对数据本身的暗示。有时，像"科学""调查"或"研究"这样的术语可以用来代替"数据"一词，其含义通常是相同的。你经常会发现以数据为焦点的内容有这样的标题：

㊀ 康涅狄格大学哈士奇队保持着 NCAA（全国大学体育协会）的所有纪录。在维基百科网上搜索"康涅狄格大学女子篮球"可获取相关数据。

焦点 7
数　据

- "新研究：每天吃奶酪能延长寿命"。㊀
- "新研究表明：你洗脸的方式全错了"。
- "新调查显示：青少年上网的时间越来越少"。
- "让数据告诉你如何避免离婚"。
- "关于低碳水化合物饮食，**科学告诉了我们什么**"。

以数据为焦点的内容示例

最能激发创作者参与的是原创数据的共享。进行专项研究、分析、焦点小组讨论或其他研究项目可以确保共享的数据是首发数据，没有同类数据与之竞争。而且这些方式会提高用户参与度，获得更多同行引用，从而在原创数据所花费的时间上获得更高的回报。

- 信用卡公司可能会对用户进行调查，看看哪些地区的用户在节假日购物上开销最大，购买了哪些类型的礼物，以及节假日消费与前几年相

㊀ 这是一种猜想。如果没有真正来源于奶酪研究科学家的数据，请勿轻易改变你吃奶酪的习惯。

比有何变化。

- 保安公司可能会对其安全系统记录的所有入室盗窃进行分析，提供关于大多数入室盗窃发生的时间、地点和方式的信息，帮助潜在客户确定他们家中可能存在的安保漏洞和风险因素。

虽然许多原始数据都是一次性的，只能执行或共享一次，但其他数据可以按固定的时间间隔重复生成报告。许多公司就是通过年度、季度调查或分析，促进了定期报告的生成。

- 财务顾问可以为客户创建季度报告，分享对表现良好或发展停滞的部门、公司和行业的见解与分析。
- 销售社会测量软件的公司可以创建一份基于客户调查的年度报告，显示社交媒体行为、活动、看法、使用度、参与度或开销的变化趋势。

如果不能进行独立研究，那么可以通过数据分析对他人的原创数据进行检验，以发现新的见解、新的趋势，或从一个新的视角来讲述一个故事。

- 房地产经纪人可能会结合有关街道清洁时间表、停车通行证要求和停车罚单率等公开数据，来提出对车主最友好的社区泊车建议。
- 营养学家可能会综合几项关于素食主义、纯素食主义和植物性饮食的最新研究，从而撰文阐述无肉饮食的好处。

创作以数据为焦点的内容时需要考虑的问题

▶ 能否通过数据、调查或研究，以一种有趣的方式来讲述这个故事？这个话题可以通过数字、金融或其他类型的趋势、预测或比较的视角来探讨吗？

▶ 如何收集有关该主题的数据？

▶ 可以分析哪些现有数据集来发现新的趋势或故事创意？

▶ 是否有资源进行专门研究或收集有关这个主题的新数据？进行这项研究是否需要其他专业技术或外部专家意见？

内容公式
如何产生无限的故事创意

- 关于这个主题，哪些数据是可以免费公开获取的？是否可以通过付费或获得附加权利的办法获取其他的数据？
- 有哪些可信的、有资质的人或机构可以提供关于该主题的数据？
- 对数据进行收集、验证或分析应遵循哪些最佳实践？
- 关于如何收集数据，提供何种详细程度的信息为宜？

••••••••••••••••••••••••••••••••

请访问 www.contentfuelframework.com/focuses，并点击选项"数据"（Data），查看创作以数据为焦点的内容的辅助工具和其他资源列表。

产　品

以产品为焦点的内容通常服务于销售或市场营销目标,旨在引导潜在客户成为实际用户。

以产品为焦点的内容在实际销售产品的情境中往往最容易理解。最好的例子可能是公司网站上的产品信息页面,或者类似于亚马逊这样的销售网站上的产品信息页。在那里,你可以找到详细的产品特性、优

内容公式
如何产生无限的故事创意

点、用途、费用等书面描述。

你还可以找到产品的照片、产品拆包或使用的视频、产品的图表、评论和其他有用信息。

虽然实体产品的销售页面对你来说可能是最容易想象出来的，但是这种内容焦点的运用并不局限于那些拥有实体产品的创作者和故事讲述者。你可以创作以产品为焦点的内容，提供有关服务、会员资格、访问权限或其他较为抽象的产品详情。

这种内容可能是一个为你提供咨询服务的销售页面、一个为你介绍遛狗服务的视频推荐、一篇招募活动参加者的介绍预览、一段即将举行的网络研讨会预告视频，甚至是一个用来描述和宣传即将开始的直播的简单社交帖。所有这些都以你提供给用户的内容为焦点，并以促进用户角色转换为目的。

销售页面或其他静态网页上关于产品的内容很少会出现标题，但产品照片、定价和其他产品细节的存在会暗示该内容的焦点。不过，如果内容本质上更具叙事性，并且带有标题，则标题通常会提及产品本身，或者介绍对产品的体验，如下所示：

- "**关于**书名/电影名/作者名/产品名"。
- "**解密**全新**产品**"。
- "**评论：新产品**兑现承诺"。
- "我们试用了**产品**：你需要知道的事"。

在某些情况下，如果你作为一名公众人物、博主、演讲者、作者或意见领袖，想要建立个人品牌和粉丝团，那么你的"产品"很可能就是你自己。在这种情况下，你可以创建以你本人为焦点的内容，目标是与你的受众建立联系。你可以创作更多关于你自己的个人内容，提出相关的行动号召，将你的读者转变成忠实的评论者、订阅者、粉丝和追随者。

以产品为焦点的内容示例

网站的着陆页⊖和销售页是以产品为焦点的内容的最显著的例子。为了实现销售或将相关浏览人转变为消费者，页面内容基本都重在分享产品细节。

⊖ 着陆页：当潜在用户点击广告或者搜索引擎搜索后跳转显示给用户的网页。

内容公式
如何产生无限的故事创意

- 网络在线课程的负责人可能会创建一个着陆页，提供课程的所有细节，包括课程、奖金、价格、报名时间和证书。⊖
- 软件公司也许会在其网站上创建一系列浏览页，提供有关可用软件包的详细信息，并列出三个价位的软件包所提供的不同功能、许可用户数、支持条件和其他变量。

以产品为焦点的内容偶尔也会以产品公告的形式出现。与通常想要事无巨细地体现产品信息的产品页不同，产品公告主要集中分享产品确定的新信息，如更新、更改、调整或发布新版本。

- 售卖大众消费品的公司可能会发布一篇新闻稿，宣布在限定时间内重新推出复古包装和三种停产口味，目的是在一个月的促销期内快速提高销售业绩。
- 某位作家可能会在 Instagram 或 Facebook 上发

⊖ 例如，我公司的"品牌故事智多星"网站着陆页就介绍了一个为期 12 周的课程计划，说明了会员在课程中会学到的内容、报名开始的时间，等等。参见网址 www.brandstory-tellermastermind.com。

焦点 8
产　　品

布一个直播视频，分享他开盒时的激动心情。盒子里装着他即将发行的首版图书印刷本，目的是让读者对这本书的出版有所期待。

许多品牌和公司都会创建产品支持内容，提供产品相关使用详情。通常，这些信息以常见问题解答、辅助文档和其他信息形式出现。这些信息可能不是所有客户都需要的，但会对部分客户有用。

- 电器公司可能会为其销售的每个电器提供几段使用说明，包括如何清洁、如何更换部件和如何解决常见问题等信息，目的是展示产品的易维护性。
- 箱包零售商可能会发布一个与新行李箱相匹配或适合的旅行必需品列表，让客户将他们的行李箱视为旅行体验的一部分。

创作以产品为焦点的内容时需要考虑的问题

▶ 这部分内容是关于公司内部的产品，还是关于其他公司的产品？

内容公式
如何产生无限的故事创意

- 受众需要了解这个产品的哪些信息？
- 受众可能对这个产品有什么疑问？通过关键词搜索可以发现哪些关于产品的问题？社交媒体上有哪些关于产品的问题？对产品的销售、客户服务等方面提出了哪些问题？
- 如何表述才能消除受众对这个产品的疑虑或误解呢？
- 这篇内容能鼓励受众做出什么样的行动或转变？
- 是否有需要提及或确认的附属产品或相关产品？是否有需要提及或确认的竞争产品？

••

请访问 www.contentfuelframework.com/focuses，并点击选项"产品"（Product），查看创作以产品为焦点的内容的辅助工具和其他资源列表。

示　例

当通过示例的方法创作内容时，通常会呈现单个或特定事物的故事或细节，这是介绍、演示或展示某种普遍趋势、问题或故事的一种方式。

只有密切关注与这个故事有关的普遍趋势或问题，观众才能完全理解其影响。

在某些情况下，你选择分享的示例可以是一个人的经历，或者一个能反映多人经历的故事。细述一个人的生活、奋斗或处境，可以让观众更好地理解整体趋势带来的总体影响，否则很难把握这种趋势。

其他时候，可以以一个公司或产品为例来说明影响其他类似产品和公司的行业整体趋势。对单个产品、初创企业或机构的详细研究有助于集中研究该类型的许多产品、初创企业或机构的普遍趋势，为其影响提供切实的证据。

以示例为焦点的内容创作与以人为焦点的内容创作（"焦点1　人"一章中有相关介绍）之间的关键区别在于目的不同——以人为焦点的内容创作的唯一目的是分享个人或团体的故事，而以示例为焦点的内容创作主要是为了将这些故事当作介绍更大的主题、问题或话题的手段。

以示例为焦点的内容通常具有"两部分"结构：第一部分分享特定实例、人员或产品的故事，第二部分对第一部分中的故事进行评述以说明普遍趋势。

这些以示例为焦点的故事两部分之间的转换通常具有相似的结构，从而将示例与整体趋势联系起来。

焦点 9
示　例

- 人:"……虽然简的求生故事令人痛心,但更不幸的是,这并不是个例。她只是过去 5 年中踏上这段旅程的 3.7 万多名女性中的一员……"
- 公司 / 产品:"……但最近几个月,这家咖啡馆顾客数量的激增已经放缓。'工作与小酌'于 2014 年开业,是该市第一家会员制咖啡馆和共享工作空间。但现在,它已不再是有需求的企业家和远程工作者的唯一选择。目前,仅在史密斯维尔就有 12 家这样的店,另外两家也即将开业……"

以示例为焦点的内容,其标题结构可能大相径庭,但它们都表明示例的核心是揭示较普遍的现象,例如:

- "关于电影业的性别失衡,一个导演的经历**能告诉我们什么**"。
- "这家纽约小店**如何**掀起了**席卷全国**的黑冰激凌**风潮**"。
- "全球变暖如何**不同程度地影响着本地养蜂人**"。

内容公式
如何产生无限的故事创意

以示例为焦点的内容示例⊖

许多以示例为焦点的内容是用一个人的故事来介绍一个更大群体所处的环境、奋斗史或经历。

- 鼓励环保行动的当地非营利组织可能会分享一名学生在镇高中着手实施回收项目的故事,以此就基层绿色计划实施的好处、发展和影响展开更广泛的探讨。
- 设计师可能会创作一段内容,分享某位名人是如何成功地将绿色融入自己的服装穿搭,以此介绍秋季最热门的颜色——"森林绿",并就如何顺应这一趋势提供建议。

当创作者试图讲述一个关于影响多个公司或产品发展趋势的故事时,他可能会从特定公司或产品的故事开始,以有效地扩展介绍更大的主题。

- 美食博主可能会写一篇文章,分享一家寿司连锁餐厅的迅速崛起,然后展开一场更广泛的讨论,讨论日本美食对现代美国美食日益深远的

⊖ 嗯,这个小标题很奇怪,不是吗?

影响。

- 风险投资公司可能会发布一篇博文，讲述其投资的一家共享踏板车初创企业的成功故事，以此展开一场关于共享经济持续增长的大讨论。

另一种巧妙运用以示例为焦点的内容（尤其对市场营销来说）是叙事型推荐。它通过对单个顾客或客户体验的详细描述，拓宽介绍特定的产品或服务。

- 健身教练可能会写一篇博文，详细介绍某位客户通过她的训练计划减重 49 千克的故事。这样她就创造了一个机会，顺便分享她为客户群带来的其他健身益处、效果和成果。
- 一家搜索引擎优化公司可能会分享一位客户的故事，详尽介绍他通过使用公司服务，在 6 个月内大幅提高收入的经历。此故事是引入相关数据统计，介绍公司为客户创造价值的绝佳过渡。

创作以示例为焦点的内容时需要考虑的问题

▶ 这个故事是否反映了一种常见或日益频繁的经历、

情况或趋势？

- 有没有个别的例子可以准确反映共性的内容？有没有什么人的故事能代表集体的经历？是否有某个公司或产品的发展能体现整体趋势？有没有个人逸事可以作为无形概念的背景信息？
- 聚焦于故事的部分内容，就算是一小部分，会不会让整体趋势更容易理解，更具情景化或是更有相关性？
- 哪个故事、哪位人物或其他示例能更好地呈现整体趋势？
- 这个示例需要呈现多少细节才能更充分地说明普遍问题？
- 是用个别例子来介绍整体趋势，还是在探索了整体趋势之后再增加细节和背景？

• •

请访问 www.contentfuelframework.com/focuses，并点击选项"示例"（Example），查看创作以示例为焦点的内容的辅助工具和其他资源列表。

观　点

以观点为焦点的内容不是仅陈述客观事实，而是从看法、观念或判断的视角创作内容。

通过以观点为焦点的内容来分享看法、观念和对个人的评价是极具价值的。受众可能渴望听到你在某些特定问题上的观点，以及你对一个产品、潮流或问题的看法，从而帮助自己整理选项、处理信息、做出决定，看到自己在其他方面没有考虑到的点。

由于以观点为焦点的内容需要分享个人看法或判断，所以部分人认为这类内容存在风险或有脱离群众的潜在危害，而一部分受众可能不同意这一点。虽然大多数以观点为焦点的内容没那么多争议，不过在某一特定问题的某一方面确立观点还是很可能有益于增强你的品牌价值的。

以观点为焦点的内容常见形式是评论，也就是个人分享其对产品或体验的评价。很多时候，这些评论都会以一个评级（比如满星为 5 星，评 4.5 星）或是向观众展开推荐而结束。比如，"如果你希望尽快买到一个低于 100 美元的此类产品，买这个就对了"。

如果你还没有准备好，不愿意也没办法分享你的观点并提出十分中肯的建议，那么也可以尝试一些更巧妙的方法来处理观点内容。尝试分享观点和判断的最简单做法之一就是创建排名，即将多个项目按一定顺序排列。

前面我们在"焦点 6　筛选"一章中讨论了排名，但排名也可以是一种观点内容。区别的关键在于选择或安排项目的标准。在观点类排名中，排序是主观的或个人的，而不是客观的或普遍的。

例如，如果你写了一篇题为"史上10大最佳摇滚乐专辑"的博文，列出并描述了对你爱上摇滚乐贡献良多的那些专辑，那这篇博文就是你的观点。如果是别人来写这份榜单，他们则可能会根据自己的观点选择不同的专辑并以不同的顺序排列榜单。

相较之下，如果你按照总销量来排列专辑列表，并称其为"史上10大畅销摇滚专辑"，这就不是一个以观点为焦点的内容了，因为它是一个基于客观数据进行排名的精选列表。就算是不同的作者也会以相同的顺序列出一份同样的10大专辑列表，因为专辑的选择和排序是基于一个一致且客观的数据集，即每张专辑的总销量。㊀

以观点为焦点的内容标题通常使用第一人称，或以其他方式暗示内容的主观性。例如：

- "**我**从一个月的无塑生活中学到了什么"。
- "**我最喜欢的**无麸质曲奇食谱"。

㊀ 根据过期的信息或不同来源的数据所创建的列表可能会有所不同，但内容要点仍是基于客观数据的筛选，不受个人观点的影响。

- "9部年度**最佳**独立喜剧片"。
- "为什么**我**要更换美妆订购盒"。

以观点为焦点的内容示例

最明显的以观点为焦点的内容类型大概莫过于评论了。在评论中，个人或机构可以表达他们对特定产品或体验的判断与评价。

- 知名视频博主可能会制作一段评论某款新型三脚架的视频，就是否购买、如何使用以及产品适用对象等问题向观众提出她的建议。
- 妈咪博主在和她们的孩子游玩了当地新开的主题乐园后，可能会写一篇评述式网文，分享她们的游园体验和感受、是否会再次游玩，以及向读者建议是否应该来此旅行。

与评论类似，排名通常会创建一个项目列表，通过主观标准、偏好或判断来进行组合和排序。

- 一位既做销售培训又撰写销售类书籍的人士可

能会发一篇博文，分享他最喜欢的商业播客，并根据他的个人感受对最独特、最有价值和对专业销售人士最有帮助的播客进行排名。
- 一名时装模特可能会制作一个视频，对自己最喜欢的 10 种化妆品和美容产品进行排名。而排名的依据就是哪些产品能让她在很累或倒时差的时候也能看起来精神百倍或是容光焕发。

其他以观点为焦点的内容包括反思或个人陈述。这些内容本质上是自传性的，作者会分享一些他们对过往特殊经历的想法。这些内容从目标上来说与评论略有不同，创作者可能并不打算让受众复制他们的经历，只是为了让他们从中吸取教训而已。

- 基因检测公司可能会在其博客上发表一篇名为"我的寻根之旅"的个人特写，作者是一名通过该公司的检测了解自己真实血统后为追寻先祖游历世界的人。
- 运动员可能会分享一段视频，记录她在受伤后重新回到赛场继续运动的故事。分享她这段时期的痛苦和成长之旅，她对自己身体的了解，以及这段经历对她的改变。

创作以观点为焦点的内容时需要考虑的问题

- 创作内容时,是以观点为视角还是以事实为视角更好?
- 主题观点是否与业务、品牌或内容目标相关?
- 这一内容是以个人观点还是机构观点的形式呈现?受众清楚这种选择或区别吗?如何向受众揭示或解释这一区别?
- 与观众分享这个观点可能会带来哪些风险?分享这种观点会不会以一种不受欢迎的方式脱离或远离大众?分享这种观点是否会带来法律责任?分享这种观点是否体现了不合时宜的偏见或偏爱?
- 大家在这个问题上分享的观点是否明智、公正?
- 在这个问题上有什么不同的观点需要讨论或者分享吗?

请访问 www.contentfuelframework.com/focuses,并点击选项"观点"(Opinion),查看创建以观点为焦点的内容的辅助工具和其他资源列表。

焦点 10
观　点

内容焦点速查表

1 人

2 基础信息

3 细节

4 历史

5 过程

6 筛选

7 数据

8 产品

9 示例

10 观点

注：请访问 www.contentfuelframework.com/focuses，以获取示例、工具和其他资源。

10
种形式

形式 1

文　案

既然我已经定义了 10 个最常见的内容焦点，那么现在是时候来研究研究这些故事的呈现形式了。我们将从文案（为了创造连贯的单词和句子而组合起来的字母序列㊀）谈起。

文案无处不在，是一种你可能不假思索就能想到

㊀ 本书原文为英语，故文案中的词句是由字母组成的字母序列。——译者注

形式 1
文 案

的内容形式。在路标和广告牌上、在产品包装和餐厅的菜单上、在我们的邮箱里,数字或实体文案随处可见。它充斥着我们的社交网络、短信应用领域和所有电子设备的屏幕。

由于大家接受的正规教育往往强调写作是一种分享知识和讲述故事的重要手段,所以,大多数人或多或少都接受过一定程度的写作训练。学生在学校学习时,教育工作者会教授他们有关字母、拼写、语法和标点的知识,并在他们学习用写作表达日益成熟的思想时进行评分。

幼儿从"三行纸"练字开始,就需要回答"长大后我想做什么"这样的问题。[一]高中生则会用电脑打字,写出一篇关于《红字》中色彩象征的五段式随笔,在大学的入学申请书中,他们对面临的挑战和曾经取得过的成功侃侃而谈。高校学生则需用一个小时在蓝皮答题卷上撰写期中论文,还有一些学生会花几个月的时间完成本硕论文或博士论文。

不管我们是否特别喜欢这些写作练习,我们大多

[一] 一年级的时候,我口出狂言说我会成为 WNBA 冠军、国家总统和教皇,但我只是一个身高 1.60 米的穆斯林,所以我的机会不大……

内容公式
如何产生无限的故事创意

数人在文案写作上都还算比较流畅，这事不足为奇。

这两件事的结合——无处不在的书面文案以及我们多数人在学校接受过训练，意味着写作其实真的是最容易上手的内容创作形式之一：你只需要一部手机、一台电脑或一支笔、一张纸就可以开始写作了。由于我们当中许多从事内容创作的人已经会使用其中的一种或全部形式，因此创作文案通常是最简单、最快捷和最便宜的讲故事形式。

考虑用文案这一形式呈现的关键是，当它与后面章节即将讨论的其他形式相结合时，它们能相辅相成，给观众带来最震撼的内容。虽然写作是一种与观众交流故事的有效方式，但是它并非最吸引眼球的，而且当它单独呈现时，通常也不会受到社交算法的青睐。为此，我们可以将文案作为一个很好的起点，让其他形式成为你创建文案的有力补充。

同样值得注意的是，大多数内容，无论以何种形式呈现，都会将文案作为一种"附加内容"。因为文案是内容推广的载体，它构成了大多数社交网文的基础，这些网文的目的是促使受众浏览某些链接内容。此外，文案也是以字幕、描述、标题和内容

形式 1
文　案

提要等途径为照片和视频添加背景信息的一种默认方式。

文案内容示例

相较我们在接下来的章节中将要讨论的其他内容形式，文案可能是最灵活和最易于传播的。它能够以丰富的形式呈现，并与不计其数的方法结合。

文案最常见的形式之一是文章和博客，它们经常出现在报纸、杂志和网站上。其长度可以从几百字到几千字不等。[一]它们通常只涵盖一个主题。无论是纸质版还是电子版的文章和博客，其页面顶部通常都会有一个标题，以表明内容的主旨，有时可能还会有贯穿全文的小标题，以便进一步组织内容。

- 销售项目管理软件的公司可能会在其网站上写一篇文章，提供在开放式办公环境中保持专注和高效工作的小贴士。

[一] 2013 年，《纽约时报》刊发了安德烈亚·埃利奥特撰写的一组 28 000 字的系列文章《看不见的孩子》，讲述了纽约市的无家可归者。这是（在当时）《纽约时报》有史以来最大的调查性报道。

- 健身达人或健康教练可能会写一篇关于假期保持健康的博文,题为"5 个习惯帮你健康度过假期"。

有时,文案是独立的,可用于某个流程,如关于工作表、清单或指南的流程。这些文件有纸质的,也有电子的,通常以免费或低价下载的 PDF 文件的形式提供给受众,作为读者学习某个主题的补充。

- 美食博主可能会提供一份品牌的"素食购物清单",以书面形式列出产品推荐,以保持饮食中不含动物性产品。
- 企业顾问或演讲者可能会分发一份纸质的书面指南,里面总结了他们的主题演讲或研讨会的重点内容,以便与会者记住要点。

有时文案会被整合成涵盖面更广、更有深度的内容,比如白皮书、报告和电子书。这些权威机构发布的文档往往比普通文章或指南更长,内容常常涵盖整个研究过程或列出附有数据支撑的种种建议,且通常在本质上和内容上都具有极强的技术性。

形式1

文　案

- 许多技术行业或受到高度监管行业的公司会每季度发布白皮书，总结行业内的重要变化、趋势或事件。
- 由于电子书的制作时间更短，各种类型的意见领袖，包括社会名人、博主、演讲人、教练和顾问，通常会创建纯数字化的电子书而不是（或不只是）用传统纸质书来展示他们的主题内容。

书籍（就比如你现在正在读的这本书）当然也是一种文案。书籍包含甚广，从儿童类和青少年类书籍到爱情小说、自助指南、回忆录、商业书籍和其他非小说类书籍。许多意见领袖与传统纸媒或混合出版商合作出版书籍，以展示自己的专业知识，增加自己的可信度，并创造新的收入来源。

- 品牌顾问或演讲人可能会出一本书，阐述在数字时代建立品牌的原则。他会授权出版社将自己标为作者，并向客户出售自己的书。
- 最近被收购的一家初创公司的首席执行官可能会写一本书，分享她在招聘团队、发展公司、从风险投资家那里筹募资金以及备售公司方面的经验、教训。

书面文案也是大多数网站和销售宣传材料的主体。在公司或个人网站上，文案通常传达了有关公司宗旨、产品、服务、团队、历史等方面的大部分基本信息。

- 农机设备公司可能会制作一份 20 页的纸质产品目录，内容涵盖公司全部产品的书面说明和价格，然后寄送给潜在客户，并在贸易展会上分发。
- 狗狗美容工作室可能会为其提供的各项服务创建一个不同的页面，描述各项服务的流程、使用的工具、在服务过程中如何照顾幼崽，以及为什么这些服务对狗狗的健康很重要。

我可能无法讲出书面文案的全部用法，或者完全展示你可能使用书面文案与读者分享信息和故事的所有方式，因为你从事的特定行业可能需要你创作本书

形式 1
文　　案

并未提到的其他类型的文案,如教学大纲、目录或产品说明书。

创作文案时需要考虑的问题

▶ 谁来写这篇内容?这篇内容的作者大家认识吗?大家是如何、在哪里认识这篇内容的作者的?

▶ 这篇文案应该有多长?

▶ 这篇内容应用什么语气来写?

▶ 在公开共享这篇内容前是否会对其进行编辑?谁来编辑?使用什么格式或规范来编辑?编辑时间是否已纳入生产时间表?

▶ 是否需要将这篇内容翻译成其他语言?

▶ 这篇内容写完后需要规范格式或设计吗?

▶ 可以添加其他内容形式来增加深度或背景信息吗?

请访问 www.contentfuelframework.com/formats,并点击选项"文案"(Writing),获取关于文案的辅助工具和其他资源列表。

信息图

信息图是相关信息和数据片段的可视化呈现或图形表示，即为单个具有视觉吸引力的文件或图像提供主题的可视概览。最吸引人的信息图会使用统一色调来呈现单个主题的多个数据点，并刻意少用文本来凸显排列它们。

当然，信息图的质量取决于数据的呈现。绝大多数情况下，数据指的是数字型数据，如统计值、百分比、数量、测量值、排名和类似的数字。

但信息图并不局限于纯粹的数字型数据。许多信息图会使用图标、插图和其他图形元素来解构流程、地点、对象、人口特征、趋势等。

由于成功的信息图是数据和设计的完美结合，因此需要充分的研究与绝佳的审美珠联璧合。当分别具有这些技能的两个人协作创作信息图时，效果方能达到最佳。一名记者可能致力于研究和汇编某一特定主题的相关数据，他可以与一名视觉设计师合作，后者则能通过震撼人心又与之契合的设计让这些数据更加夺人眼球。

正如在"焦点7　数据"一章中所讨论的，你使用的数据不一定是你自己通过研究、焦点小组访谈或其他方式获得的专有数据。只要获得适当的授权，你就可以从多个权威来源汇编数据，这会帮助你创作一个更全面、更可信的信息图。

创作信息图的一个显著优势是，它们可为内容的再利用提供巨大潜力。一个包含许多数据的信息图可以被拼接和切割成许多小的信息图在社交媒体上使用。

内容公式
如何产生无限的故事创意

信息图内容示例

信息图是公司和机构简化复杂想法并快速传达海量信息的一种好方式。许多公司会利用信息图来共享它们的受众、客户或用户可能会好奇的，但又无法自行获取、收集和明确的信息。

- 球队品牌授权店可能会在赛季结束时创建一张关于每位球员的信息图，分享他们战绩最好的场次、个人纪录和整个赛季的统计数据。
- 健身跟踪器公司可能会使用匿名用户的数据创建一张信息图，显示特定地区哪些城市的人群行走步数最多、睡得最早、骑行里程最多或饮食最健康。

对于信息图，一种非常常见的主题是"数字解读"。在这种信息图中，那些原本没有以数字形式进行思考和探索的主题会被分解成更小的数字板块解读。

- 某家活动策划公司可能会制作一张"2020年峰会数字解读"信息图，对每年的会议进行回顾，分享与会者人数、发言人数、赞助单位家数、幻灯片个数、提供的盒饭数量、制作的纸杯蛋糕个数、分发的 T 恤衫件数和消耗的咖啡杯数。
- 机场可能会在新航站楼的开幕仪式上展示"C 号航站楼"的信息图，其中包括新大门、座位、安检点、移动人行道、餐厅、喷泉、休息室、卫生间以及新航站楼报刊亭杂志售卖点。

绝大多数信息图是静态的，但越来越多的创作者和故事讲述者正在使用编程技能或专门的工具来创作交互式信息图——即具有移位、动画、变化或其他可操纵元素的图形。交互式信息图包括：

- 选项卡或标签，可以通过点击鼠标交替展示不同类别或分组的数据。
- 数值、线条、柱块、图标或其他视觉元素标识的数据点，当鼠标悬停或单击时，它们会改变颜色、大小、形状或位置。
- 饼状图，当你单击或者把鼠标悬停在任何扇形块区域时，会出现包含更多细节信息的弹窗。

- 滑动标尺，你可以单击并拖动刻度以调整显示数据的日期或时间。

虽然这些类型的交互通常仅限于以数字方式创建和显示的信息图，但在纸质信息图中创建类似的体验也并非完全不可能。儿童书籍中，像使用拉页、立体折页和多层页面这样的情况屡见不鲜，这些纸质信息图也可以提供相同的互动功能。

例如，2014年，我所任职的《纽约时报》团队（广告部中一个专注于品牌叙事的部门，名为T品牌工作室）与壳牌石油公司合作，创建了一个关于全球城市发展的数字互动信息图。我们可以使用两页打印图纸来营造纸质版互动体验——一页用普通新闻纸打印地图，另一页用半透明绘图纸打印新增地点。通过将第二页置于第一页之上，读者就可以在地图的当前和未来状态之间来回切换，用纸质信息图创造一种"交互式"体验。

创作信息图时需要考虑的问题

▶ 使用信息图可以将哪些数据可视化？

形式 2
信息图

- 是否有充足的数据来证明整个信息图的创建是合理的？补充数据点是否可以增加更多背景信息？
- 使用图表、图形、图标或其他方式能否轻松地将数据可视化？
- 这张信息图涉及品牌宣传吗？该图的颜色、语言和图标是否对主题和品牌宣传都有所帮助（如果需要的话）？
- 这个信息图是否可以剪切/改编以用于诸如社交媒体类的其他地方？
- 如何在图表中明确数据的来源？
- 受众可能会选择在移动设备上查看这类内容吗？这么小的屏幕尺寸受众能看清和理解这张信息图吗？在尺寸这么小的情况下，交互性是否能有效实现呢？是否需要为移动设备规划其他布局或设计？

请访问 www.contentfuelframework.com/formats，并点击选项"信息图"（Infographic），获取关于信息图的辅助工具和其他资源列表。

音 频

我们已经以文案和信息图的形式介绍了你可以阅读和查看的内容,现在我们来谈谈你能听到的内容——音频内容,也就是以录制和传输的声音形式共享的内容。

音频内容的优势之一是受众可以在用眼睛和手进行其他活动的同时收听。这使得它成为一种可以与文案或视觉效果完美匹配,从而创造出多重感官体验的

形式 3
音　频

内容形式。

当内容只有音频这一种形式时，这意味着你（作为创作者和故事讲述者）可以额外开发出受众原本不会阅读内容的时间：当他们在健身房锻炼时、遛狗时、准备上班时、洗碗时或日常通勤时。

无论是一个人的演讲、多人之间的对话，还是其他具有独特听觉特征的过程或体验，以音频的形式讲故事必须要有值得一听的内容。音频作为讲故事的一种形式，可以让我们分享一些仅通过书面文字无法传递的东西。

音频内容示例

我们首先想到的音频内容形式可能是播客。播客是可以下载或可以流式播放的音频内容。它通常按固定的时间表发布，并紧紧围绕一个主题来讲述故事。一部连续剧的每一集通常有相似的结构、长度和腔调，以帮助听众了解接下来的剧情，并让他们一集接一集地连续收听。

在过去的几年里，在美国每月收听播客的人数稳步增长，2018 年该数值达到了美国总人口的 26%。⊖ 这种增长是有道理的：阅读，甚至是观看视频都需要集中注意力，而播客却可以让你在做其他工作（清洁、开车、走路）的同时，听一个好故事、学一些新东西，或者更深入地了解某个主题。

有些播客由固定主持人来分享他们对某个话题的个人看法，而有些播客则是一对主持人互侃。许多播客都是访谈式的，主持人每周采访不同的嘉宾，介绍他们的专业知识、背景、经验或故事。其他播客（一般是新闻机构制作的播客）则会使用更复杂的结构将音乐片段、旁白、采访、电影电视片段等采编在一起。

- 某个商业顾问可能会主持一栏定期播放的播客节目，每周采访一位不同的企业家，请他们分享自己成为企业主的历程，并为立志成为企业家的听众提供建议。
- 某报纸可能会做一档晚间播客，每天播放当天最重要的头条，提供热门新闻摘要，供听众在

⊖ 在 www.edisonresearch.com/infinite-dial-2018 上可以找到该统计数据。

形式 3
音　频

晚上下班回家的路上"追赶"社会发展的脚步。

音频还可以用于创建独立的音频体验。这些通常是现有作品的有声复制品，就像大多数通过传统出版方式发行的书籍或电子书的作者也会创作有声书一样。如此一来，读者就可以用几个小时来聆听他们的作品，而不需要阅读。独立音频也包括纯音频作品，如讲座、研讨会、导游词或其他口语会话。

- 瑜伽大师或健康教练可能会制作一组免费的5分钟引导式冥想音频，帮助潜在客户和粉丝练习正念，并制作一套时长近一小时的引导冥想课程，供练习正念的高级进阶学生购买。
- 许多博物馆、大学和历史古迹通过耳机或应用程序提供有声导游服务，使参观者能够以自己的速度、时间和语言进行游览和学习，而无须等待现场导游。

音频内容的另一个用法是提供原内容的音频替代方案，或者在原内容中增加一个音频选项，让读者能够以另一种形式阅读现有内容。这种简单的方式能为大众提供多种选择，让他们能够根据自己的空余时间、掌握的技术，或喜欢的学习方式来选择如何阅读内容。

- 每周需要上传自己在线辅导视频的老师还可以导出课程音频，并将其转录为文字。这样，他的学生就可以选择通过观看视频、收听音频，或者阅读的方式来参与这次辅导。
- 博主则可以在博文中嵌入音频播放器，让访问页面的人能够选择阅读或收听该博文。

环境音效常与文字内容相结合，用于设置场景或分享声音——这很难单独以书面形式实现。环境音效可以让听众听到主题引文难以描述的特征，比如语调、口音，或者说话时停顿的力度。在讨论非常相似或不熟悉的声音时，在渲染某种氛围时，在营造让观众感觉身处其境时，环境音效都很有帮助。

- 某位旅行博主在撰写亚马孙森林之旅的网络日记时，可能会加入一些声音片段，这样她的粉丝们就可以听到雨林里独特的声音，而不是仅仅通过书面描述来感受。
- 汽车修理师可以制作一些人们常听到的汽车（故障）声音的可播音频片段，帮助司机确认是否遇到了需要专业人士帮助的严重问题，或者这个问题是否可以通过去汽车配件商店自行解决。

这些便是当今时代大多数个人和品牌创建者在生活中使用音频内容的方式。不过，你也可以采用更传统的音频形式，如创作歌曲和制作纯广播节目。我猜测很少有人会认为这些可行，但如果你有一副美妙的嗓子，或者有机会使用电台的专业播音室，那么不妨试试，看看这些方式能否让你的内容和故事鲜活起来。

创作音频时需要考虑的问题

▶ 该故事中是否有独特的声音元素，需要使用音频来呈现？哪些声音在无音频的情况下可能难以描述或

- 理解？可以使用环境音效来设置场景吗？
- 提供的位置或环境是否有利于录制高质量音频？
- 这是一次性音频内容还是可重复播放的系列内容（如播客）？
- 是否需要专业人才、专业软件或专业设备来录制音频内容？
- 是否需要专业人才、专业软件或专业设备来编辑音频内容？
- 是否需要专业人才、专业软件或专业设备来保存或推广音频内容？
- 大众是否拥有收听音频内容所需的技术？
- 是否可以从视频中提取音频以提供另一种阅读故事的方式？

• •

请访问 www.contentfuelframework.com/formats，并点击选项"音频"（Audio），获取关于音频的辅助工具和其他资源列表。

视　　频

视频是指为放映、分享、推广或其他方式查看内容而拍摄和录制的运动图像。

在最初的时候,视频是一种精英式的、独家的、不可自由访问的内容形式,仅供电影、广播新闻和其他高端制作的电视节目或影院播放使用。此外,摄像机、视频编辑和视频推广都非常昂贵,需要经过专业培训方能操作。

内容公式
如何产生无限的故事创意

最近几年,这些问题都不存在了。我们许多人都有能力在电脑或手机上轻松录制质量尚可的视频,因此制作视频内容变得更加容易,成本也更加低廉。互联网不但让我们不需要广播许可证或电影公司的支持就能自由发布和推广视频内容,还确保我们大多数人可以在网络上自由访问和学习使用视频编辑软件。⊖

数字视频通常只在一个地方托管,即首次上传和出现视频的特定网站或平台,但会通过链接或嵌入代码的方式分享给许多其他在线网站,让人们可以在其他网站和平台上观看视频。

例如,你可以选择在 YouTube 上上传和发布你的视频。然后,你可能会在 Facebook、Twitter、博客或电子邮件中分享这个链接,邀请人们在 YouTube 上观看视频。你也可以直接在这些平台上嵌入链接或上传视频,这样观众不需跳转进入 YouTube 页面就能观看并分享视频。

在本书中,我们不可能将视频所在的每个地方、每个平台都一一罗列分享,毕竟社交网络、平台和技

⊖ 访问权限是相对的。但总体而言,我们有更多机会接触到摄像设备、免费或开放的视频编辑软件,以及学习如何使用两者的教程。

术总是在变化,受欢迎的、有效的和首选的发布平台列表也在不断变化。

但是,本章将为视频内容提供一些更通用的结构和方法,这些结构和方法可以跨平台使用,并根据许多不同的规范执行。

无论视频的长度如何,无论它发布在哪里,视频内容的数量都在不断增长,每年都有越来越多的人制作视频——事实上,现在每个月上传的视频比过去30年美国电视网络制作的视频总和还要多。[一]视频也吸引了大量关注。相比没有视频的内容页面,人们在配有视频的内容页面上花的时间更多。[二]

鉴于视频内容更具吸引力,许多用于内容推广的社交平台现在都倾向于提供视频内容。

视频内容示例

视频的常见形式是视频博客(Vlog)或谈话视

[一] 在 www.insivia.com/50-must-know-stats-about-video-marketing-2016 上可以找到此统计数据。

[二] 在 www.wistia.com/learn/marketing/video-time-on-page 上了解更多有关视频如何影响观看时长的信息。

频,即一个人坐在一个拍摄框架中(通常只能看到腰部以上的部分),直接面向摄像机和观众。虽然这种类型的视频可能会有和主讲人无关的其他视频片段或内容板块,但主要是一种单向对话,主讲人在其中与观众分享他们的经验、想法、观点或建议。

- 一名在 YouTube 上关注度越来越高的时装模特可能会每周制作一段视频。他会在视频镜头前,滔滔不绝地说起他本周的着装选择,分享一些健康和健身建议,谈论他的个人生活。
- 某家银行可能会制作一段视频,一名财务顾问坐在办公桌后,向观众详细解释如何计算信用评分,以及如何提高或保护信用评分。

另一种常见的视频风格是带旁白或画外音的视频,即主讲人自己不出镜,只在镜头外直接对观众讲话,同时在屏幕上显示配合的视频片段。当主讲人需要对某视频片段进行评论时,这种结构就很适用。对于需要补充视觉效果来全面解释过程的教学内容来说,这种结构也很有帮助。

形式 4
视　　频

- 电视评论员可能会在新一季节目首映前制作一段视频，回顾上一季节目，并在播放上一季节目的视频片段和静态图像时，分享他对关键情节的看法。
- 某位技术专家可能会制作一段视频，她会在视频中打开一个刚收到的新产品包装，或者拆开一个产品，为某个常见问题提供一个解决方案。当产品和她的手显示在屏幕上时，旁白会为她的想法或指示提供进一步的背景信息。

有时，这些画外音视频甚至不是视频片段，而只是与音频旁白同步显示的一组照片、幻灯片、图表、动画、插图或其他非视频的视觉效果。

- 一家制造公司可能会创作一个动画解说人物，这个动画形象会带你探索一台机器内部，并对其进行解析。而来自他们工厂的工程师会同步讲解机器的每个部件和生产过程中的每个步骤。
- 财务顾问可能会制作一段视频，展示一系列静态图表、曲线图和数学方程式,而她的旁白则会提供这些数字如何影响你财务状况的背景信息。

另一种常见的视频类型是采访视频,这种视频会记录两人或两人以上的对话。有些访谈就是简单地让几个人坐在一起,轮流提问和回答问题,而采访人通常不会出镜,也听不到他们的声音——他们只是在屏幕外提示问题。

- 某家公司可能会分享他们的创始人最近在当地电视新闻节目上露面的视频,讨论他们的产品,分享他们的故事,并宣布即将推出的新功能。
- 播客团队可以通过视频记录他们的嘉宾采访。不管是在工作室里亲自采访,还是通过视频会议软件采访,这样他们就可以提供团队与嘉宾对话的图像和音频。

你也可以尝试一下"纪录片风格"的视频。这种视频的灵感来自纪录片,但时长通常比纪录片短。这

形式 4
视　频

种视频通常聚焦于真实的地点、人物、事件或问题，通过混合的素材类型和风格（可能包括采访、现场素材、档案素材、图形和可视化数据、旁白等）为该主题提供丰富的背景信息。

- 某家连锁餐厅可能会制作一段 10 分钟的纪录片风格的视频，介绍他们的新主厨，内容包括：
  - 厨师在餐厅厨房里介绍其美食哲学的镜头。
  - 采访餐厅的多位高管，分享他们选择这位新厨师的原因。
  - 这名厨师在农场挑选食材的镜头，她在旁白中谈论食谱。
  - 厨师小时候假装做饭的家庭视频。
  - 走访她的家庭成员，分享厨师长期以来对美食的热爱。

虽然利用动态影像与观众交流并不是仅靠这几种风格和结构的视频，但它们应该有助于为创作各种常见结构的视频提供些许灵感，从而使你的想法成为现实。

你还可以考虑其他的视频结构和方式，如延时

内容公式
如何产生无限的故事创意

视频——记录一段时间内事物发展的缓慢过程，然后通过数字技术加速，使其以更快的速度呈现；音乐视频——歌曲与歌词，或与歌曲主题相关的视频片段和图像进行艺术搭配。

- -

创作视频时需要考虑的问题

▶ 是否需要专业人才、专业软件或专业设备来拍摄视频？

▶ 是否需要专业人才、专业软件或专业设备来编辑视频内容？

▶ 需要拍摄多长时间的视频才能有效地讲述这个故事？视频短一些会更符合观众喜好吗？

▶ 视频应该水平拍摄还是竖直拍摄才最符合要求？

▶ 为确保观众能够看懂，是否已添加了字幕？

▶ 在这种环境下想要拍摄高质量的视频，光线是否充足？补充人工照明会有帮助吗？

▶ 是否需要将字幕、图表或其他图形添加到该视频中？

▶ 视频需要添加背景音乐或者音效吗？使用这样的音

形式 4
视　　频

频需要额外的版权吗?
- 这段视频应该在哪个平台上发布或保存?
- 在视频标题、视频描述和视频标签中使用哪些关键词可以更好地优化该视频的搜索曝光度?

请访问 www.contentfuelframework.com/formats，并点击选项"视频"(Video)，获取关于视频的辅助工具和其他资源列表。

直 播

直播,也称为流式视频,是指实时记录和观看的数字视频内容。

在很多方面,直播与我们在上一章中讨论的录播视频内容极为相似。直播结合了移动视频和音频,可以以视频博客、采访、旁白等形式呈现。

录播和直播之间还是有很大差别的。录播经过严谨的编辑过程,剪掉了所有不想在视频中呈现的内

形式 5
直　播

容，但直播并没有这样的优势，一般不太正式，可能无法持续按计划进行，且过程更不可预测。

与提前录制好的视频相比，由于直播基本没有完整的脚本，出现在直播中的人更倾向于使用轻松自然的语言，以对话的口吻说话。而且由于没有"再拍第二镜"的机会，直播中会出现更多的"嗯……"之类的词或者计划外的话题。不过，这种畅所欲言的对话还是有不少好处的，比如主持人可以即兴回答观众的问题，或是主持人能够根据观众的即时反馈临场调整节目内容等。

通常，直播是使用手持设备制作的，因此偶尔会出现摄像机摇晃、光线不稳定或音质不佳这些问题。观众对稳定的互联网或手机网络连接的高要求也说明，直播中时常会出现视频卡顿、声音滞后或失真、影像像素化等其他网络连接问题。

而且，影响直播的不仅仅是技术问题：一辆消防车开过，警报声会盖过直播声音；附近的狗叫声可能会彻底分散主播和观众的注意力；主播可能会不小心把手机摔在地上，忘记他们刚刚在说什么；或者误按了一个按钮，对直播进行了不必要的操作⊖；粗鲁的观

⊖ 嘿，你应该不希望正在接受直播采访的 CFO 头上突然出现一个兔耳朵滤镜吧？

众或激动的主播可能会因情绪失控爆出辱骂之词、不当言论、讨论跑题或其他你从未想要播出的点评。

要想直播顺利，就要有充分的准备和训练、完备的设备测试以及经验丰富的主持人，这样很多风险都可以降低。不过，不可预测性也有它的好处。

因为直播往往比较随意，只有较少的后期制作，所以很多观众认为直播更加真实，能让他们对屏幕上的人产生更强烈的熟悉感。对那些试图与观众或粉丝建立深厚联系的人来说，直播可能是比录播更强大的工具。

越来越多的直播软件、工具和平台在提供一些功能来帮助降低直播风险，并使直播视频看起来更精致。稳定的摄像头和三脚架让摇晃的手持直播成为过去，现在许多直播工具还具备提供字幕、投票、视觉效果、声音效果等动态补充的能力。

直播内容示例

数字直播视频通常用于观察，即把事件完全按照正在发生的情况传送给其他不能亲临现场的人。

形式 5
直 播

观察式的视频，在很多情况下，类似于电视新闻直播，就像电视台会在现场架设摄像机，让观众可以在线观看政客的演讲或警察的追捕行动一样。现在，普通人也可以直播他们所目睹的事件，包括有计划的活动，如音乐会、运动、游行、会议演讲，以及较小的、突发的或日常的事情，如街头表演、房屋火灾或日出。

- 动物园可能会开展一次直播，架设一台摄影机对着巢内的珍稀鸟蛋持续拍摄，让动物爱好者看到孵化下一代的过程。
- 活动策划人可以在礼堂后排设置现场直播机位，让那些即使不能亲临现场的观众也可以远程观看演讲、小组讨论或其他展示。

前一章中讨论录播视频时提到的许多结构，包括视频博客、解说视频和访谈，也可以不做太多调整就以直播的形式呈现。

- **视频博客**：室内设计师可以每周进行一次直播。他们坐在办公桌前回答观众提出的关于装饰、设计、家装布局、极简主义风格、物品收纳等问题。

- **解说视频**：某位厨师或美食博主在路过农贸市场时，可能会打开直播，展示每个农贸摊位上都有哪些当地食材，并向人们解说如何分辨哪些菜已经成熟，可以购买。
- **访谈**：某位营销顾问可能会对其他营销专家进行直播访谈，创建每周一次的"直播播客"或"在线脱口秀"。

当有策略地选择和使用直播这一形式时，它可以为品牌和个人提供一个机会——一个让观众史无前例地接近事件、靠近现场和接触人物的机会，同时也是一个让观众亲近品牌和个人的机会。

创作直播时需要考虑的问题

▶ 采用实时拍摄或现场互动能否让这段视频内容达到最佳效果？如果不能的话，用标准视频（非直播）会更好地服务于观众吗？

▶ 与互联网或手机网络的连接是否足够畅通和稳定，

形式 5
直 播

可以支持连续直播吗？如何改善网络连接？

- 设备、照明和声音是否足以满足内容质量的要求？如何才能将现场和网络的中断风险降至最低？

- 哪个平台最适合播放本次直播？哪个平台最能吸引目标用户？哪个直播平台提供了大家所需的或期望的功能？

- 如何推广或宣传相关视频才能鼓励观众参加现场直播？哪些工具可以实现同时在多个平台播放直播内容？如何提前推广视频？如何宣传本次直播以提高直播收视率？

- 有哪些机会和方法可以促进与现场观众的互动？哪些方法可以用于与直播观众互动？哪些问题、提示或其他行动口号能够鼓励观众参与互动？可以使用哪些方法或规则来调节观众的评论或参与？

- 直播结束后，直播内容可以如何重新利用？

- 前面一章关于"形式 4 视频"的所有问题都考虑进去了吗？

• •

请访问 www.contentfuelframework.com/formats，并点击选项"直播"（Live Video），获取关于直播的辅助工具和其他资源列表。

图片库

图片库其实就是一组图片的集合，它们通常是因为与共同的主题或对象有一定的相关性而组合到一起的。

图片库大小各异，它有可能是上传到社交媒体帖子中的一组4张照片，也可能是一个专项活动的全部图片，其数量可能超过200张。

在大多数情况下，供大众使用的图片库都会附有为图片及其主题提供更多背景信息的文案。该文案描述图片中发生的动作，明确图中所指的个人，注明拍摄者，或提供其他与图片的来源、内容或意义相关的信息。

有时，附加的文案会以简介的形式出现在每张图片的下方或旁边。其他的时候，大段的文本（多达好几个段落）可能会将每个图片分隔开来，从而形成一个更接近文章形式的内容。

近年来，随着智能手机内置摄像头质量的提升，以及可用存储空间的加大，几乎人人都能轻而易举地拍摄出高质量的图片。因此，图片库可以作为一种便捷的补充形式，添加到以其他呈现形式为主的内容中。

图片库内容示例

图片库中显示的内容通常以图片列表的形式呈现——一定数量的图片集中显示在单个页面中，这样你就可以很方便地查看，而无须单击跳转到其他页面。图片列表通常有两种类型：有序列表和无序列表。

内容公式
如何产生无限的故事创意

在有序图片列表中,图片以特定的方式排列,一张图片在列表中的位置就表明了它与其他图片的关系。无论列表是依据图片本身进行排序,还是按照图片所拍摄的人、地点或事物进行排序,图片顺序都旨在传达每张图片在列表层次结构中的位置。

通常,这些图片序列集中于最高级排列——顶级、最好、最差、最多、最少——图片的排序表明了列表创建者对所包含图片相对于其他图片排名的看法。

- 体育博主兼评论员可能会为了分享在奥运会期间妙手偶得的运动员照片,而整理出一份"21张奥运会最精彩照片"的有序图片列表。
- 口红公司可能会在其官方博客上发布一篇文章,列出他们认为是"有史以来10大最佳银幕之吻"的图片列表,将这些标志性的电影瞬间与他们提供的唇色进行匹配。

在无序图片列表中,图片顺序不一定表示图片之间的关系(或图片所代表的人、地点或事物的关系)。虽然这些图片可能是有意排列的,其列表标题或结构

形式 6
图片库

中亦含有数字，但这些数字和顺序并不是为了传达一种层次感。

- 一位销售健康和健身产品的网络营销人员可能会创建一个无序图片列表——"你希望添加到早餐中的 13 种思慕雪⊖的食谱"，以展示一些使用他推荐的产品可以创建的开胃小食谱。
- 一名脊椎按摩师可能会在她的博客上创建一个无序图片列表，列出她推荐的可以缓解背部疼痛的各种瑜伽伸展运动图。

图片库的另一种常见结构是幻灯片。幻灯片的内容可以与图片列表完全相同，只是幻灯片放映只能以预定顺序一次显示一张图片，而不是一次显示全部。使用幻灯片，观众可以通过滑动图片、单击"下一张"按钮或点击箭头图标来逐个浏览图片。

和图片列表一样，幻灯片也分有序和无序两种类型，其中，照片的顺序是（或者不是）对它们彼此之间关系的描述。

⊖ 思慕雪（Smoothie）是一种健康饮食概念，可以理解为一种富含维生素的快餐小吃或甜点。——译者注

内容公式
如何产生无限的故事创意

- 好莱坞的一位经纪人可能会写一篇博文,用幻灯片展示她参与的活动照片,名为"奥斯卡幕后:36张名人快照"。这组图片有助于展示她与这个行业风云人物之间的联系。
- 发型师可能会在他的网站上创建一组幻灯片,展示他为客户做过的不同发型的前后对比照。观众可以点击查看每一张做完造型后的照片。

虽然图片列表和幻灯片代表了绝大多数图片库,但可以肯定的是,还有其他的图片排列方式。

例如,在印刷品中,许多报纸和年鉴都有整版的封面,上面有特定事件、日期或其他主题的相关图片拼贴。你也可以为了你的业务将图片库安排和展示在咖啡店桌子上的印刷杂志或小册子上。

当然,你也可以把你家墙上精心布置的一组相框照片称为图片库。毕竟,这些照片围绕的主题是你的家庭、你的宠物、你最喜欢的花或你钟爱的假期。

创作图片库时需要考虑的问题

▶ 是否有足够多的相关图片来支持创建图片库?

形式 6
图片库

- 是否有必要获得本图片库所需图片的额外使用权？
- 图片的大小、形状或方向是否一致重要吗？
- 观众喜欢一张张地浏览这些图片，还是一次性浏览所有图片？
- 是否需要按特定顺序查看图片？什么样的图片排列顺序对观众最有用？是否需要向观众解释或公开排序原则？
- 该图片库是否可以在移动设备上轻松查看和浏览？是否需要为手机用户专门布局或设计？
- 图片标题和其他辅助信息在哪里显示为宜？

请访问 www.contentfuelframework.com/formats，并点击选项"图片库"（Image Galleries），获取关于图片库的辅助工具和其他资源列表。

形式 7

时间线

时间线的命名几乎没有给人留下什么想象空间：它们是时间推移的图形表示，通常绘制在一条线上。

由于我们大多数人都把时间的推移描绘成从左到右的过程，所以很可能你遇到的时间线默认图形一般都是水平时间线，其中最早的点绘制在最左侧，最新的点绘制在最右侧。

形式 7
时间线

尽管多数时间线都是水平显示的，但垂直时间线也能在数字环境中发挥作用。当用户从页面顶部滚动到底部时，时间标绘点会一个接一个地显示出来。

大多数情况下，时间线按时间顺序显示，这是为了方便观众或读者从时间线上最早标绘的事件开始，穿越过往事件，了解最近标绘的事件。不过，有些故事最好采用倒序时间线，从现在开始，一点一点地倒叙，从而揭示某种趋势，追溯我们的脚步，或者看看是什么导致了现在的处境。

通常情况下，时间线最适合采用交互的形式，因为这可以让用户按照自己的节奏探索时间线，跳过他们觉得不太有趣的时间点，并在需要时返回到之前某个时间点。

时间线内容示例

时间线是一种超级好用的形式，可以作为主干或框架来安排或组织其他形式的较小内容片段。

- 一家连锁餐厅可能会为其网站做一个交互式历

内容公式
如何产生无限的故事创意

史时间线，包括以下内容：

- ➢ 联合创始人会面的日期，以及他们会面的文字叙述。
- ➢ 聘请主厨的日期，并配上主厨首份菜单的照片。
- ➢ 第一家店开业的日期，配上他们的第一个广告视频。
- ➢ 他们开始盈利的日期，并配上显示收入增长的图表。
- ➢ 第二家店开业的日期，配上宣布开业的电台广告音频。

你还可以将附加时间线添加到以其他内容形式为主的项目中。尤其是文案形式的内容以非常特殊的顺序出现时，时间线的作用就分外突显了，否则观众可能很难理解或记住相关内容。

- 一家刚推出新款冰箱的家电公司可能会创建一条时间线，让客户可以探寻制冷技术的演变，全面展示其最新产品的发展历史和创新。

形式 7
时间线

- 一家保健公司会对一位使用其产品获得显著减肥效果的客户进行视频采访。在播放该客户口述自己减重的经历时，同时显示一条时间线，展示其在每个时间节点的进展照片。

创建时间线时需要考虑的问题

▶ 这个故事是否发生在一段时间内，并且非常适合用时间线展示？

▶ 该时间线涵盖的时间段是什么时候？时间线从什么时候开始，到什么时候结束？开始和结束之间的时间点如何标记？（多少天？多少年？）

▶ 该时间线是水平的还是垂直的？

▶ 该时间线的节点是按时间顺序还是按时间倒序排列的？

▶ 该时间线是静态的还是交互式的？用户将如何浏览或体验该时间线？

▶ 还有其他什么内容形式可以整合到时间线上？

▶ 是否需要专门研究才能找到时间线的相关信息和内容资产？

内容公式
如何产生无限的故事创意

> ▶ 有没有图书馆、历史协会以及其他机构或资源可以帮助我们收集和查找这些历史信息?

请访问 www.contentfuelframework.com/formats,并点击选项"时间线"(Timelines),获取关于时间线的辅助工具和其他资源列表。

测　　验

测验是长期以来用于评估教育中知识习得的一种方法。你可能还记得在学校里参加过的测验，不管是教室里发放的印刷版试卷，还是在线进行的计时评测。

一般来说，测验用于收集参与者的一组回答，然后根据参与者的个人回答反馈相应的分数或结果。

测验是一种极具吸引力和互动性的形式，它可以

内容公式
如何产生无限的故事创意

检测读者的知识掌握情况,提高用以填补知识缺口的教育内容的点击量,提供定制产品推荐,并通过吸引用户参与你的内容来提高和褒奖忠诚度。

最常见的测验题目类型是选择题,每个问题都有预先备好的可选答案列表。参与者根据说明从其中选择一个或多个正确答案。多项选择题通常有 3 ~ 5 个选项:

- 你最近是以哪种形式阅读本书的?㊀
  A. 阅读实体书 / 纸质书
  B. 使用电子阅读器 / 设备阅读电子版
  C. 使用设备收听音频版
  D. 其他方法

与多项选择题相近的一种选择题是:A/B 型问题(或是 / 否型问题)。这种问题的结构和答案类似于选择题,但仅包括两个可能的答案选项:

- 你最近正在阅读本书的实体书 / 纸质书吗?
  A. 是的
  B. 不是

㊀ 无论你以何种形式阅读本书,感谢你抽出时间来阅读它!

形式 8
测　验

大多数电子版测验（与学科设置中的许多标准化考试一样）使用选择题或 A/B 型问题。由于答案是有限的，并且是预置好的，所以它们更容易以统一、有组织和自动化的方式进行收集和批改。

有些测验是匹配题，参与者会得到两个列表，并被要求将其中一个列表中的项目与第二个列表中的相应项目正确匹配。列表的长度是任意的，从几项到 20 项不等，或者更多。

- 请将图书形式与其对应的消费风格相匹配。

  1. 实体书 / 纸质书　　A. 阅读
  2. 数字图书　　　　　B. 听
  3. 有声书　　　　　　C. 阅读

有些测验还使用开放式或填空式的问题，不提供任何答案选项，让参与者填写自己的答案。

- 你目前是如何阅读本书的？_____

由于这种形式下的答案难以预测，所以这类问题通常需要人工分析或批阅。若大规模开展这类测验，评阅则更是难上加难。

提供测验结果的方法也有很多种。最简单、最人性化的方式是将结果立即显示在用户完成测验的同一页面上。不过，有时从参与者那里收集一些诸如电子邮件的联系信息也是必要和有用的，因为这样的话你就能以一种更加私密或个性化的方式将结果反馈给他们。

测验内容示例

计分测验是指问题有正确答案和错误答案的测验，只有正确答案才能得分。因此，为了拿到更好的分数，用户会尽力提交尽可能多的正确答案，得到的测验结果是一个根据正确答案的数量计算出的分数。

- 一家航空公司或一位旅游博主可能会创建一个"你对航空旅行到底了解多少"的测验，询问一系列有关航空公司规定、飞机技术、飞行安全或机场协议的问题。
- 一间电视演播室或一个流媒体平台可能会创建一个测验，邀请你填写"看看你是不是真的超

形式 8
测　验

级粉丝",询问有关某个节目的角色、情节或演员的问题。

计分测验也可以有非数字的结果,只要这些结果仍与基于正确和错误答案的最终分数相对应。在前文测试你航空旅行知识的例子中,数字结果可能显示"92% 正确",并赞扬你的准确性,而非数字结果可能会将准确率超过 90% 的人称为"高级飞行员",并用几句朗朗上口的文案,来说明他们对自己的东西足够了解。

另一种常见的测验类型是性格测试,没有错误答案,但每个答案都对应着几个可能的结果中的一个。这类测验要求读者按照其对给定主题的个人偏好从每个问题的一组选项中选出答案,然后将答案组合在一起,并对应到几个结果中的一个。

这是杂志上最流行的测验方式㊀:你回答一组包含 5～10 个选择题的测试,然后将所选的 A、B、C、D 的次数分别相加,以判断 4 个字母对应的结果中哪一个代表"你"。

㊀ 任何一部青少年电视剧或爱情喜剧都少不了这种时尚的"爱情测试",用以确定主角们的真感情。

- 跑鞋公司可能会创建一个测验，询问跑步习惯——跑步距离、跑步频率、平均速度、跑步目标、疼痛位置，并推荐最符合跑步者需求的专属鞋型或型号。
- 葡萄酒公司可能会创建一个测验，询问你的口味——你喜欢红葡萄酒还是白葡萄酒，喜欢甜的还是咸的零食，然后推荐一款你可能会喜欢的专属葡萄酒。

值得注意的是，让参与者觉得最有价值的性格测验往往是那些答案与他们的实际情况或实际结果恰好相符的测验。

也就是说，有很多测验它们的趣味性远大于其功能性——在这些测验中，参与者的答案和他们得到的结果之间没有科学、数据或逻辑上的联系。

创建测验时需要考虑的问题

▶ 测验是让受众接触到这些信息的最好方式吗？

▶ 这个测验是为受众服务，还是为销售服务，还是可以兼顾两者？测试结果是否会引发购买行为或产

形式 8
测　验

品推荐？不同的测试答案是否真的会产生不同的结果？

▶ 这个测验及其结果是基于哪些信息或数据？

▶ 这个测验是用于评估知识（得分），还是用于分类受试者（性格）？如果这是一个计分测验，结果是数字的还是非数字的？如果这是一个性格测试，会有多少种可能的结果分类？

▶ 什么类型的题目最适合这次测验？是否会使用多种问题类型？

▶ 测验结果将以何种形式在何时发布？

▶ 用户的测验结果、联系方式或其他信息在反馈给用户后会被保留吗？我们是否需要向用户告知数据存储情况或征求用户授权？我们该怎么做？应该采取哪些安全措施来保护这些数据？这些数据会被存储或保留多长时间？

• •

请访问 www.contentfuelframework.com/formats，并点击选项"测验"（Quiz），获取关于测验的辅助工具和其他资源列表。

工 具

工具，简而言之就是为实现特定功能而设计的器具。

当我们听到"工具"这个词时，大多数人都会想到那些你在车库或厨房水槽下找到的东西：锤子、螺丝刀、钳子、用来组装宜家家具的 L 形六角扳手。这些工具多用于插入、拧紧、松开、抓取或固定。

但也有许多工具，尤其是数字化工具，不是为了

形式 9
工 具

建造、破坏或修理而设计的。这种工具不具备物理功能，而是通过帮助用户计算、转换以及检索和发现有用的信息来实现其功能。

工具可用于规划、预测、组合、比较、评估、分析、识别等。这意味着当你创作包含数据、数字或趋势的内容时，工具是一个特别好的形式选择。

内容创作者设计的大多数工具都是针对受众的直接需求而构思的：创作者意识到受众有需求，然后通过执行某个功能或提供必要的信息来设计一个满足这种需求的工具。

为此，大部分数字化工具需要用户进行一定程度的操作或输入，以便执行其功能并输出所承诺的信息。用户通过在空白处填入他们的特定信息，软件就能够据此输出个性化的结果。

部分工具可以接收和处理数字型数据，并对这些信息进行数学运算。例如，在金融业中尤为常见的计算器：随便在互联网上一搜就能搜出数百个免费在线计算器。借助这些在线计算器，你可以估算或预测利息、信贷变化、贷款条件、抵押贷款、应纳税款、保险费、投资回报、退休金增长和其他财务价值。

内容公式
如何产生无限的故事创意

  与计算器非常类似的工具是转换器。它接收某种单位类型的信息，然后提供另一种单位类型的对应信息。尽管转换器经常处理数字型数据，但有些转换器也可以在非数字信息之间建立等效关系。这种类型的一些常见工具有：时区转换器、货币转换器或将文本从一种语言转换为另一种语言的翻译工具。

  还有些其他的工具可以接收和处理文本或图像等数据。比如有很多好用的文本分析工具可供写作者和内容创作者使用，你可以通过录入的文本来计算字符数，了解阅读难度，检查剽窃，等等。

  此外，还有各式各样的拍照工具。某些软件可以在你上传的脸部照片上执行特定的功能，如显示你将来的样子，显示你相反性别的样子，或者显示你不同发型和妆容的样子，还有一些软件则可能会尝试预测你后代的样貌，或者显示与你长相近似的明星。

  要提醒大家的是，虽然本章主要聚焦于探索和介绍数字化工具的例子（由于其易于创作和推广），但其实工具也可以是实物型的。

  例如，如果你曾在妇产科医生的办公室待过，你可能会见过一种名为"预产期计算轮盘"的纸板工具,医生们用它来计算受孕日期、预产期和其他各种孕期重要的时间节点。[一]其内表盘上等刻度列出了时间节点,外表盘上则刻有日历。通过将内表盘上的特定时间节点与外圈日历表盘上的已知日期(如最后一次月经的时间)对齐,医生就可以知道外表盘上的哪些日期与内表盘上其他的未来时间节点相对应。

基于工具的内容示例

计算器,一种接收数字型数据并对其执行数学计算的仪器,是吸引受众、执行规划或协助处理数字信息的有用工具,即使在金融行业之外也是如此。

- 婚礼策划人可能会创建一个计算器,只要新人输入他们的婚礼总预算,这个工具就能计算出他们婚礼当天从食物、装饰到请柬、着装等各个方面的支出百分比详情。
- 承包商、室内设计师或家装店可能会提供一个计算器,只要装修人员输入空间尺寸,就能估

[一] 当你已怀孕33周,却想在孩子出生前写完一本书时,你会发现相关的例子比比皆是!

算出为了完成这个项目，他们可能需要购买几桶油漆、几箱瓷砖或多少数量的其他用品。

转换器是另一种常见的工具。尽管自己创作一个网上已有现成转换器的复制版没有多大价值（网上随便一搜便可获取大量的类似工具），但可能还是会有部分受众对你的特定故事、特定产品或特定品牌的转换器感兴趣。

- 时装公司可能会创建一个尺寸转换器，让你可以将其他零售商的产品尺码转化为他们公司对应的产品尺码。
- 染发剂公司、指甲油品牌或布料制造商可能会创建一个颜色转换器，它能将竞争品牌的产品编号进行转换，帮助买家在自己的产品色号系统中找到匹配代码。

照片处理器兼具娱乐和实用功能。比如前面提到的面部识别手机应用，这种软件不但可以提供带娱乐效果的年龄、性别或其他效果处理，还具备相当的实用功能。

形式 9
工　具

- 眼镜供应商可能会开发一种软件工具，让客户拍摄或上传一张自己的脸部照片，然后虚拟地"试戴"各种镜框，以确定挑选的眼镜与他们的脸型是否搭配。
- 家装店或家具公司可能会创作一种软件工具，邀请用户上传一张房间的照片。通过此软件，用户可以直观地看不同类型的地板、家具或灯具怎么布置才更适合这个空间。

文本处理工具可能不像这里列出的其他类型的工具那么常见，但仍有机会发挥实用价值，以工具的形式帮助传递信息。

- 某家机构一直以来都试图提高人们的意识，帮助他们改进某些无意识的习惯或偏见。这家机构可能会创作一个电子邮件插件，旨在扫描电子邮件中的特定单词和短语，提醒用户注意潜在的问题语句。
- 语言学习应用程序、旅游局或学术机构可能会创作一个软件工具，提示学生或旅行者输入另一种语言的文本，以测试他们是否精通此种语言。

除了这些类别之外，还有无数其他类型的工具可以用来传递有用或有趣的信息。以下就是关于其他类型工具的例子，这些工具可以丰富你与用户的互动，拓展用户与你创作的其他形式内容的互动能力。

- 一名娱乐记者撰写了一篇关于小孩起名如何反映名人或影视角色受欢迎程度的报道。他可能会创建一个工具，让读者输入自己的名字，看看哪位流行文化影响者引起了这个名字的流行。
- 连锁健身房、补品制造商或运动服装公司可能会创作一个软件工具，让客户输入当前和期望的健康数据，从而反过来为客户提供定制的营养计划或锻炼计划。

创作工具时需要考虑的问题

- ▶ 受众是否能从内容或数据交互功能中获益？
- ▶ 受众的哪些问题、困惑或需求可以通过工具解决？哪些问题可以通过关键词研究发现？哪些问题可以通过社交媒体发现？通过观众与销售人员、客服人

形式 9
工 具

员等的互动可以发现些什么?

▶ 这个工具是处理数字型数据还是非数字型数据?

▶ 执行此应用程序需要收集哪些信息?

▶ 必要的信息应如何收集?

▶ 如何发表或公布结果?

▶ 是否要保留已传递给用户的结果或数据?我们是否需要向用户公开存储数据或取得用户同意?我们将如何公开这些存储数据或如何取得同意?应该采取什么安全措施来保护这些数据?这些数据将被存储或保留多长时间?

• •

请访问 www.contentfuelframework.com/formats,并点击选项"工具"(Tool),获取关于工具的辅助工具和其他资源列表。

形式 10

地　　图

地图是直观表示特定区域以及该区域中与地图预期用途相关的要素的图。地图可以表示大片区域（例如整个国家）的道路系统，也可以表示小块区域（例如当地某个公园）的步道。它们的用途千差万别，并且可以利用各种视觉样式和工具来创作。

我们大多数人都熟悉地图，通常将其用作导航工具。当我们启动 GPS 以获得前往朋友家的行车路线

形式 10
地　图

时，当我们在旅途中将州际地图打开放在汽车引擎盖上时，当我们移动手指沿着大大的向上的标志寻找通往正确的机场登机口时，当我们在火车线路上正确的站点下车时，当我们前往购物中心零售店时，我们会使用到各种各样的地图。

故事讲述者、营销者或创作者都可能有机会创作一张导航图，帮助受众按照地图去一窥险境或抵达向往之地。但是，地图也可以用于导航以外的其他目的。

专题地图描述的是有关地区的特定属性、特征、行为或事实，而不是该地区本身的地理详情。因为专题地图的目标主要是描绘非地理数据，所以它们的地理标签通常很少，只提供绘制其主要数据点所需的有用信息。专题地图通常用颜色标注，让浏览者可以很容易发现主要特征，看到趋势，或进行比较。

例如，描述选举结果的地图可能只包括选民选区的轮廓——没有任何街道、城市名称或其他标签——因为真正的目的是显示选民的行为，而不是采取行为的选民所在地区的地理细节。地图通过为每个候选人

内容公式
如何产生无限的故事创意

使用一种颜色，观众可以很容易看到哪个地区投票给哪个候选人、哪个候选人获得了更多的地区选票，以及是否有候选人的选票集中在特定的地区。

邻近图为讲述的故事提供了地理背景，缺少该图的视觉指导，故事可能难以被理解。参考图不是用来辅助导航的工具，而且与专题地图不同的是，它通常不会按照一般地图的情况去描绘整个地区的统一标准信息。相反，这些地图更像是图表，在一个空间中绘制不同类型的相关事件或信息。

这类参考图经常出现在犯罪题材的新闻故事、电影或电视连续剧中。它们描绘了案件中不同的兴趣点——罪案发生的地点、发现每一个证据的地方或者每个嫌疑人生活或工作的地方。分享这些地图并不是为了帮助观众追踪犯罪现场；[一]相反，它们能帮助观众更好地可视化所描述的区域，更好地理解事件的顺序及其相互之间的潜在联系。

地图也可以有许多不同的视觉样式。高精地图使用卫星图像或照片对某块区域进行超真实的描绘。具

[一] 有些自认为有侦探天赋的人真的可能会去试试，所以，绘制地图一定要有责任心。

形式 10
地　图

有代表性的地图包括使用插图、动画、简单形状、图标或符号创作出的艺术效果图。

基于地图的内容示例

最基本的地图类型是静态地图，即不包含任何交互性元素的地图。这些地图通常以图像文件的形式显示。在默认情况下，由于纸张几乎不可移动，因而大多数地图都是静态的。

- 主题演讲者可能会在自己的网站上放一张全球地图，上面标注有他演讲曾到过的国家或地区，以展示其演讲的覆盖面以及经验的丰富性。
- 当地的一家跑步用品专卖店可能会在其网站上提供一些可打印的地图，上面绘制有可供跑步训练的当地步道和路线，以帮助客户保持活跃，探索小镇。

数字化体验模式则可以创建交互式地图，为观众提供移动、动画、更改或其他操作元素。类似于我们在"形式2"和"焦点6"中讨论的交互式信息图，这些探索式动态体验能够让观众自己进行滚动、缩放、点击、滑动等操作。

- 零售连锁店可能会在其网站上展示一张交互式地图，显示其所有分店的位置。而且顾客可将特定区域放大，单击标记点查看单个商店的地址、营业时间和联系信息。
- 一家以使用当地食材为荣的餐厅可能会设计一张交互式地图，列出其在该地区的所有合作伙伴，让潜在食客可以点击任何一个地点图标，查看厨师从特定农场获取的各种食材。

创作地图时需要考虑的问题

▶ 此地图需要覆盖或囊括多大范围的区域？提供地图背景信息的比例尺应为多少？

▶ 提供何种程度的细节信息足以让地图清晰可用？地图应包括哪些项目、地标、标签和名称？

▶ 此地图是否需要为颜色、符号或其他项目添加文

形式 10
地　　图

字/图例？

▶ 这张地图的设计是电子专用版还是印刷版的？要使地图方便打印，需要对设计或颜色进行哪些调整？

▶ 若希望此地图有助于受众，是否应使其具备交互性？此地图需要设计什么类型的交互式体验或应具备多少交互性为宜？观众会如何在地图上进行导航或移动？

▶ 创作此地图需要使用哪些数据源？使用和引用这些数据源是否需要授权？如何在这张地图上标注引用数据来源？

　　请访问 www.contentfuelframework.com/formats，并点击选项"地图"（Map），获取关于地图的辅助工具和其他资源列表。

更多可以考虑的形式

我们在前面10章探讨了10种不同的形式——文案、信息图、音频、视频、直播、图片库、时间线、测验、工具和地图,这些形式可以让我们的故事跃然眼前。

在创建内容公式时,我之所以选择这10种形式,是因为它们都是最常见的、可以让内容精彩百倍的形式,也是最能做到历久弥新的形式。我相信,到目前为止,书中所讨论的10种形式在相当长的一段时间内仍会是大家的不二之选。

但这10种常见的形式并非讲故事仅有的形式。可能有20种或更多的其他形式可供选择,那些形式也能将讲故事从想法变为现实。

更多可以考虑的形式

我觉得要写一本书或者创建一个公式完全涵盖所有潜在的内容形式不太可能，至少不可能在很长一段时间里都是十全十美、紧跟时代的。因为随着新的社交平台和技术的定期推出，之前的社交平台和技术就会迅速失宠，因此可以纳入考虑范围的内容形式完整清单总在不断发展和变化。

在这短短的一章中，我会为你提供一些在可预见的未来值得考虑的其他形式的快速入门知识，并为你提供一个评估其他形式的指南。这些形式在你读过、看过、听过本书后的数月或数年内肯定会用得上。

在线课程

在线课程通过某类在线门户网站有组织地提供教育内容，此形式可以让课程创作者与众多学生共享知识。在线课程往往包含许多独立的内容板块，但通常被设计为按特定顺序使用，以帮助学生循序渐进地习得一项新技能。

在线课程是一种混合形式，它运用我们在本书中讨论过的许多形式组合内容而成。大多数在线课程都

内容公式
如何产生无限的故事创意

是以视频为基础的——有预先录制的视频课程、直播视频课程以及两者的结合,并辅以支持视频学习的其他内容形式。

这些辅助内容通常包括课程总结、辅导材料、自检清单、练习题、学习指南、知识点速查表、学习提示等形式的书面内容。当然,许多课程还包括音频课和知识测验。

美国"蓝瓶咖啡公司"是加州奥克兰的一家咖啡零售商和烘焙商,该公司在"技能共享在线学习平台"上发布了一门免费在线课程,教顾客和咖啡爱好者如何在家煮一杯完美的咖啡。[一]这个长达1小时的课程由12段视频组成,各视频的长度从44秒到近13分钟不等。每段视频都是由"蓝瓶咖啡公司"的培训总监迈克尔·菲利普斯讲授。他重点讲解了咖啡冲泡过程的不同环节,包括选择正确的冲泡工具和研磨咖啡豆。"从栽种到装杯:煮一杯神奇的咖啡",自2015年8月发布以来,已经有超过1.9万名喜欢咖啡的学生完成了这门课程。

[一] 前往 www.skillshare.com 搜索"蓝瓶咖啡"(Blue Bottle),你就可以自学这门课程。

更多可以考虑的形式

选择在线课程作为与受众共享信息的一种形式时，最需要考虑的一点是，你是否准备好了为学生教授该学科所需要的大量材料。

创作在线课程时需要考虑的问题

- 创作和开授一门课程需要特殊人才、软件或设备吗？
- 课程是录制授课、现场授课，还是两者兼而有之？
- 课程将在哪里播放？
- 课程的每节或每课采用什么授课形式最好？
- 什么样的授课顺序最有助于学生学习内容？
- 修完这门课程会有何种奖励？
- 这个课程是免费的还是付费的？考虑到课程内容的丰富性、大众对课程主题的需求度以及观众的付费意愿，定什么价位对这门课程来说比较合适？
- 如果学生对课程内容、付费以及访问课程的技术流程有疑问，如何向他们提供帮助？
- 如何营销或推广本课程？
- 如果需要的话，课程教材应多久更新一次？

内容公式
如何产生无限的故事创意

游戏

广义地说,游戏是一种有规则、有组织的活动,玩家为实现既定目标与对手或自己竞争。游戏可以现场面对面玩,也可以通过电脑、手机或联网的电视游戏设备玩。

游戏可以是现场体育比赛,小到少年棒球联盟比赛,大到奥运会都算。要创造一项全新的运动可能是艰巨的任务[一],但对许多品牌或创造者来说,创造一款在线游戏、手机游戏、棋盘游戏或纸牌游戏还是可行的。游戏可以营造一种引人入胜的体验,既能展示专业知识,又能以一种全新的方式娱乐受众。

为了吸引宝妈们,英国儿童零食公司"童之味"开发了一款类似"糖果传奇"风格的网络游戏"威化消消乐"。这款游戏以该公司的威化饼干和配料为游戏元素,还向家长提供一系列奖品和优惠券以激励他们玩此游戏。代表"童之味"制作这款游戏的公司"睿帝"分享称,这款游戏的用户超过 50 万人,参与次数超过 18 万次。[二]

[一] 不过这并没能阻止 J. K. 罗琳创造魁地奇。
[二] 你可以在 http://www.weareready.com/kiddylicious 上找到该统计数据。

更多可以考虑的形式

在决定将游戏作为一种内容创作形式时，最重要的考虑因素之一是创作如此复杂的内容所需的专业知识。创作一款具有清晰的指令、合理的逻辑规则、流畅的游戏进程、合适的游戏工具或设备、稳定的视觉体验和适当的技术支持的游戏，需要具备充分的专业知识，而一般的内容创作者都无法做到这一点。

可以考虑一下是否有必要与某些人（那些具备专业知识的人）合作，或者是否有必要将部分或全部的游戏制作外包给专门的代理机构或游戏公司。

创作游戏时需要考虑的问题

- 创作游戏是否需要专业人才、专业软件或专业设备？
- 如何营销和推广该游戏？
- 该游戏是实体游戏还是电子游戏？是否有必要生产实物卡片、棋盘或其他部件？是否需要仓储、运输或其他后勤服务？
- 如果玩家对游戏规则有疑问或需要技术支持，应如何向他们提供帮助？
- 如果游戏要更新的话，多久更新一次为宜？

> 这款游戏是免费的，还是需要付费购买的？考虑到游戏内容的丰富性、可能的使用或玩游戏时长以及观众的付费意愿，这款游戏的价位定多少比较合适？

虚拟现实

虚拟现实（VR），是一种模拟环境的创造，它可以让观众以一种互动的、肢体的、自我引导的方式参与或感受。观看虚拟现实内容需要专门的工具，如耳机、头盔、手套或装备有传感器的配套装置，这些传感器可以在"观众"浏览内容时探测其动作。

虚拟现实内容具有独特的功能，可以将观众带到一个虚拟的地方，并帮助他们体验现实中原本无法访问的环境，因此它在营销、教育和培训方面有很多实际应用。

- 一家为地震灾区筹款的非营利组织可能会在筹款活动中让大家戴上虚拟现实耳机，让潜在捐赠者亲眼看到地震造成的破坏，以及他们的捐款可能带来的帮助。

更多可以考虑的形式

- 武装部队、急救服务机构和救灾组织可能会利用虚拟现实体验为新员工做入职培训,以帮助他们应对在工作中可能遇到的高风险情况,而不是在员工没准备好时就让他们置身于真正的危险之中。

在创作虚拟现实内容时,最需要考虑的因素是这类内容的技术要求和游戏规定。因为与本书中谈到的许多其他形式相比,创作虚拟现实内容通常要花费更多的时间和成本。

创作虚拟现实内容时需要考虑的问题

- 哪些体验通过虚拟现实以身临其境的方式呈现才是最合适的?
- 哪些体验可能是观众从未亲身感受过的?
- 虚拟现实体验是被动的(静态的),还是主动的(交互式的)?体验中有哪些互动的机会?如何标记或记录这些互动机会?
- 创作虚拟现实内容需要专业人才、专业软件或专业设备吗?

▶ 编辑虚拟现实内容需要专业人才、专业软件或专业设备吗?

▶ 保存或推广虚拟现实内容需要专业人才、专业软件或专业设备吗?

▶ 观众是否拥有观看虚拟现实内容所需的设备?如此高的使用要求是否会影响该内容预期的推广范围或推广力?

▶ 如果需要的话,虚拟现实内容或技术需要多久更新一次?

▶ "形式4 视频"那一章的所有问题都考虑进去了吗?

• •

请访问 www.contentfuelframework.com/formats,并点击选项"其他形式"(Other Formats),获取关于这些和其他形式的辅助工具和其他资源列表。

如何评估新兴的内容形式

无论是因为新技术的兴起还是新社交平台的推

出，每当有新的内容形式出现时，争相采用的创作者不胜枚举。早期采用者肯定会有优势，但一头扎进一种新的内容形式也并非没有缺点。

在一般情况下，新内容形式的早期采用者会经历惨痛的教训。在没有任何先例的情况下，创作者必须边做边学，将时间和资源投到可能很多人看不到、无法在设备和平台上显示、功能受限或根本无法与观众产生共鸣的内容中。

当然，所有花在学习和尝试一种新的、未经测试的内容形式上的时间，都是本可用在观众已经见过和使用过的形式来创建内容上的时间。

我并不是说你不应该探索新的内容形式，或者当你发现一种新的流行形式时，不该寻求先发优势——只是，你应该仔细评估这些形式中哪些是值得你花时间和精力的。

当你考虑尝试一种新的内容形式时，可以问自己以下几个问题。回答了这些问题后，你就可以评估自己的团队、公司或内容项目的成本和收益，并确认使用特定的内容形式进行尝试是否有意义。

内容公式
如何产生无限的故事创意

以新形式创作内容前需要考虑的问题

- 此内容形式提供了哪些当前使用的形式所不具备的功能?
- 这种内容形式的优点和局限性是什么?
- 如果有的话,这种形式已有哪些最佳实践?
- 创作这种形式的内容是否需要新的技术、人才或设备?获取这些东西需要多少人力物力成本?需要多长时间才能拿到必要的资源?
- 大众是否能接受这种形式的内容?大众有能力理解这种形式的内容吗?
- 如何衡量这种新的内容形式是否成功?记录绩效数据的工具和技术是否到位?绩效评估是否有明确的目标?

以新形式创作内容时需要考虑的问题

- 此形式的内容创作流程与其他形式有何不同?创作内容所需的时间是否不同?如何不同?创作内容的成本是否不同?如何不同?
- 在创作过程中是否存在意料之外的困难?

以新形式创作内容后需要考虑的问题

▶ 从这种形式的内容创作中学到了什么经验？

▶ 未来可以如何更好地利用这种内容形式，采用不同的方式来讲述故事？为符合内容创作的预算，是否需要做出调整？为匹配内容创作的过程，是否需要做出调整？为满足内容创作的时间线，是否需要做出调整？为准确衡量绩效，是否需要做出调整？是否需要新技术、新团队成员或其他设备？

▶ 以这种形式创作的内容是否达到了绩效目标？目标定得太低了吗？太高了吗？是什么促成了内容的成功，或是什么阻碍了内容达到绩效目标？成功可以复制吗？或者问题是可控的吗？

作为一名故事讲述者和内容创作者，在你的旅程中，无疑会遇到许多让人惊艳的新形式，这些形式诱使你放弃你熟知的、喜欢的、屡试不爽的那些形式。只要你正确地评估了这个尝试是否值得花时间和精力，并制订了评估这次尝试成功与否的计划，那你就能够有策略地选择那些最有助于你将故事更生动地阐述给读者的形式——无论新旧。

内容公式
如何产生无限的故事创意

内容形式速查表

1 文案

2 信息图

3 音频

4 视频

5 直播

6 图片库

7 时间线

8 测验

9 工具

10 地图

可以考虑的其他形式：

+ 在线课程

+ 游戏

+ 虚拟现实

注：请访问 www.contentfuelframework.com/formats 以获取示例、工具和其他资源。

内容倍增器

既然你已经对10个焦点和10种形式的运用有了透彻的了解,那么,要理解前言提到的"内容公式是如何产生100个甚至更多潜力无穷的内容创意,或者说内容公式是如何生成为大家带来鲜活故事的100多种方法的",自然也就不难了。

从理论上讲,这100个创意都是能够独立存在的,每一个你都能创作一条内容,或者说你可以选择这100种可能性中的任一子类创作一条内容。

但现实更可能是这样的:网格生成的100个创意中的每一个都可以充当内容创意树的"主干",衍生内容的多个"分支"由此萌芽和延伸。这些分支代表了原始内容创意的不同版本，给同一核心主题提供了略微不同的观点、方法或视角。

当你把生成的每一个内容创意看作一个等待拆分和倍增的起点时，你就可以放大内容公式的威力。这样的话，该公式就可以拓展你的内容策略，只需极少的额外工作就能把100个内容创意变成200个、300个、500个甚至更多的内容创意。

但是，如何拆分内容创意，把创意的主干变成几个更小的分支呢？

答案就是我称之为内容倍增器的东西。

内容倍增器是一种变量，它可以让你拆分单个内容创意并将其重新组合为几个独特的内容创意。这些创意可以用几种不同的方式处理单个主题，在几个不同的背景信息中构建它，或者将其呈现给几类不同的受众。

最常见的内容倍增器

通常，展示内容倍增器威力的最佳方式就是拿出具体的例子。

下面，我将分享一些我最喜欢的内容倍增器——时间、人口特征、位置和资源，你可以用它们来探索衍生内容的潜在分支，这些分支可能会从你的每一个创意发展而来。我将提供每个内容倍增器如何将单个内容创意转变为多个内容创意的示例。

时间是最常用的内容倍增器之一。要使用此内容倍增器，就要知道你正在处理的内容片段是否可以根据特定的时间段进行复制、调整或更改。这方面的例子包括基于某个时间点的倍增内容，例如一天中的某个时间，一周中的某一天，某个节假日、某个季节、一年或十年中的某一天。

- 时尚博主想要创建一个聚焦历史时刻的"最佳红毯造型"图片库，可能会为不同的时间段创建多个图片库：
  - 2020年冬/春/夏/秋最佳红毯造型。
  - 2020年/2019年/2018年/2017年/2016年/2015年最佳红毯造型。
  - 20世纪80年代/20世纪90年代/21世纪00年代/21世纪10年代最佳红毯造型。

内容公式
如何产生无限的故事创意

当将时间作为倍增器时,你不用局限于特定的时间点(如假日、20世纪20年代、文艺复兴时期或石器时代)。时间也可以作为倍增器,用以划分基于时间度量的可调整内容片段:

- 30分钟、60分钟、90分钟或通宵食谱。
- 可以在一周、一个月或三个月内完成的健身挑战。
- 可以在一天、一个周末、一个星期或一个月完成的浴室翻新。

另一个常见的内容倍增器是人口特征。有了这个倍增器,内容就会根据主题或目标受众的识别信息成倍增加。人口特征信息可以包含许多不同的特征,一些常见的人口特征变量是:年龄、性别、民族、种族、教育水平、职业、收入和婚姻状况。㊀

- 税务专业人士在分享主题"昂贵的纳税错误"时,通常会考虑制作只以数据为焦点的信息图。他们可以根据受众的具体个人情况调整相

㊀ 我们的目的不是迎合或者画蛇添足地去分析受众。只有当这为受众创造了截然不同的内容价值时,才应该这样做。

关的错误及其成本数据，创作多个信息图：

- ➢ 单身/已婚/离婚/丧偶纳税人常见昂贵的纳税错误。
- ➢ 自由职业者/企业家/小企业主常见昂贵的纳税错误。
- ➢ 收入低于3万美元/收入在5万～10万美元/收入高于10万美元的家庭常见昂贵的纳税错误。

还有一个常见的内容倍增器是位置。有了这个倍增器，我们可以根据内容相关的地理位置来进行调整、修改或重复内容，无论该位置是哪个大洲、哪个国家、哪片地区、哪个城市、哪个城镇，还是其他某个地区。

- 旅行社想用一张仅以人们的评价为焦点的地图对其"最佳度假胜地"进行排名，可能会创作多张地图，并按地区来进行推荐：
  - ➢ 欧洲/加勒比海/北欧最佳度假胜地。
  - ➢ 中西部/东海岸/西海岸最佳度假胜地。
  - ➢ 加州/南加州/北加州最佳度假胜地。

地理位置并不是说明"位置"的唯一方式，有些

内容公式
如何产生无限的故事创意

内容可以根据位置以更巧妙的方式进行划分：

- 卧室/餐厅/浴室/玄关处最佳地毯选择。
- 手臂/脚/指尖/面部/舌头/耳朵刺痛怎么办。
- A 航站楼/B 航站楼/C 航站楼/外部安保区最佳就餐地。

资源是更常见的内容倍增器之一，它通常指预算或财务方面的考虑。每当内容主题涉及财务投资、购买、销售或其他衡量价值损失或收益的方法时，就很有可能根据可用资源进行改编。

- 如果电脑硬件公司打算策划"游戏玩家必备产品"的视频，他们可能会制作多个视频，按照产品推荐的价格或价格区间策划视频：
  - 5 款价格低于 50 美元/75 美元/100 美元/250 美元的最佳游戏耳机。
  - 5 款价格低于 100 美元/150 美元/250 美元/500 美元的最佳游戏椅。
  - 5 款价格低于 150 美元/250 美元/500 美元/1000 美元的最佳游戏显卡。

当然，钱不是唯一的资源。有时，内容可以根据可用或不可用的其他类型的资源（如工具、配料、人员等）进行拆分、调整或倍增：

- 使用椅子 / 瑜伽球 / 阻力带 / 搭档就能进行的简单背部伸展运动。
- 不含鸡肉 / 牛肉 / 猪肉 / 豆类 / 麸质 / 大豆 / 奶制品 / 盐 / 碳水化合物的麻辣食谱。
- 用胶带 / 铝箔 / 发带 / 小苏打进行春季大扫除。

其他内容倍增器

虽然这些是最通用的内容倍增器，可以为大多数行业、主题和话题提供有用的内容适配，但它们绝不是唯一存在的内容倍增器。

每次我与企业故事讲述者一起举办内容公式工作坊⊖时，他们几乎都能通过这几个常见的内容倍增器发现一个独特的新倍增器，从而将其应用于他们自己

⊖ 我很乐意为你的团队举办一个内容公式工作坊，这样我们就可以一起使用这个公式了！了解更多信息请前往 www.contentfuelframework.com/workshop。

内容公式
如何产生无限的故事创意

的团队、部门、公司或行业。

- 从事教育工作的人可能会根据不同年级（大一、大二、大三、大四、研究生）、学术地位、学位课程、学校部门或校区，来倍增内容。
- 以父母为主题创建内容的人可能会根据父母的类型（如新手父母、养父母、单亲父母、离异父母、监护父母或多子女父母）来倍增内容。
- 保险公司可能会根据其特定的产品线调整其内容，如汽车保险、商业保险、人寿保险、家庭保险或摩托车保险。

倍增器（无论是常见的，还是特定于你的行业和受众的）都能让你将任何单个内容创意转换为多个，帮助你从单个头脑风暴中获取更多价值，并从单个内容片段中受益良多。

值得一提的是，将一个内容创意最大化时，没有理由只选择一个内容倍增器。你可以将几个倍增器应用于同一个中心内容创意，创造出更多类型的衍生内容片段。

还记得前面提到的时尚博主吗?她一开始就想做一个聚焦历史时间点的图片库"2020年最佳红毯造型"。如你所记得的,她可以使用时间倍增器来创建四个不同季节的图片库(分别为2020年的春、夏、秋、冬),这给了她另外四个图片库的创意:

- 2020年冬季最佳红毯造型。
- 2020年春季最佳红毯造型。
- 2020年夏季最佳红毯造型。
- 2020年秋季最佳红毯造型。

不过,她也可以应用人口特征倍增器来创作图片库,来展示不同类型走红毯的明星:

- 男明星最佳红毯造型。
- 女明星最佳红毯造型。
- 青少年明星最佳红毯造型。
- 明星夫妇最佳红毯造型。

准备好进行高级内容倍增了吗?我们还可以将几个倍增器组合在一起,在重叠部分创建全新的内容创意。

由于这位时尚博主现在有5个不同的时间段

内容公式
如何产生无限的故事创意

（2020年全年、冬季、春季、夏季、秋季），以及5个不同的群体（所有明星、男明星、女明星、青少年明星、明星夫妇），那她就可以根据自己的一个原始创意创造出总共25个"2020年最佳红毯造型"创意。

时间 × 人口特征	2020年 全年	2020年 冬天	2020年 春季	2020年 夏季	2020年 秋季
所有明星	2020年最佳红毯造型	2020年冬季最佳红毯造型	2020年春季最佳红毯造型	2020年夏季最佳红毯造型	2020年秋季最佳红毯造型
男明星	2020年男明星最佳红毯造型	2020年冬季男明星最佳红毯造型	2020年春季男明星最佳红毯造型	2020年夏季男明星最佳红毯造型	2020年秋季男明星最佳红毯造型
女明星	2020年女明星最佳红毯造型	2020年冬季女明星最佳红毯造型	2020年春季女明星最佳红毯造型	2020年夏季女明星最佳红毯造型	2020年秋季女明星最佳红毯造型
青少年明星	2020年青少年明星最佳红毯造型	2020年冬季青少年明星最佳红毯造型	2020年春季青少年明星最佳红毯造型	2020年夏季青少年明星最佳红毯造型	2020年秋季青少年明星最佳红毯造型
明星夫妇	2020年明星夫妇最佳红毯造型	2020年冬季明星夫妇最佳红毯造型	2020年春季明星夫妇最佳红毯造型	2020年夏季明星夫妇最佳红毯造型	2020年秋季明星夫妇最佳红毯造型

我不确定这位博主是否有时间或者有意愿创建25个不同的图片库来回顾这一年红毯上的精彩时尚。我也不确定她的观众是否有足够的兴趣去浏览这25个或更多的图片库来回味这一年的时尚。

但请记住：此表格和这些内容倍增器的最终目的并不是要真正把我们可能想到的每一个内容创意都创作出来。

内容公式为我们创建了一个用以斟酌内容创意的体系，它可以训练我们的大脑更全面地思考问题，探索更多的可能性，让我们在将想法转化为行动时能有更多的选择。

因此，尽管时尚博主最终可能不会在一个主题上创建25个以上的图片库，但她可以使用内容倍增器及这些倍增器的组合，来梳理她想到的每个内容创意的所有不同版本，从而基于她的资源和受众选择最好的一个（或几个）。

现在该做什么

如果你已经读到了本书的这个位置,我想你很可能已经开始通过内容公式的视角来审视周围世界的内容了。

你可能会发现自己不由自主地根据形式和焦点对接触到的所有内容进行归类。你也可能在脑海中已有列表,哪些焦点和形式是你遇到最多的,哪些焦点和形式是你最喜欢用的,哪些焦点和形式是你激动地想要通过自己的内容探索更多的。

但是,如果你仅仅学会了识别焦点和形式就丢掉本书,那我显然未能完成自己作为作者或教育者的职责。

知识固然伟大,但真正的力量在于知识的

运用。㊀

为此，本书最后会致力于呈现如何将内容知识转化为内容行动。

我们将首先回顾前面已经讨论过的重点术语和概念，以巩固你付诸行动需要的知识。然后，我会与你分享多种清晰明确的行动，无论是什么激发了你的内容创作，通过采取这些行动都能将新的思维方式应用到你的工作中。

让我们再深入了解一下吧。

你现在知道什么㊁

焦点 + 形式

构成内容创意的两大要素是焦点和形式。

- 焦点是故事讲述所依托的镜头，是讲故事的角度、观点或方法。

㊀ "知识就是力量"这句话已经被大众广为认同。我们应该把大家普遍认可的这句话看作真理，做到将知识转化为行动，而无需纠结这句话的出处。

㊁ 如果你在家学习通晓整个情况，你就知道这是以文案形式呈现的、以筛选为焦点的内容！

- 形式是我们赋予内容生命的方式，是内容脱离我们的大脑进入现实世界的外形、媒介和形态。

焦点为先

关于内容的头脑风暴一定得从焦点开始，然后展开，这样故事才能清晰。

- 一旦我们确定了焦点，就可以问自己"哪种形式是让故事鲜活起来的灵丹妙药"，通过这种方式选出一种（或多种）形式。
- 如果我们先从形式开始，则很可能会因刻意让故事以某种媒介呈现而极大地减小故事的影响力。

10 个焦点

当你面对一个故事主题时，你可以从 10 个焦点的角度来思考。这些常见的焦点提供了探索某一主题或某一内容的不同方式。

- 人：关注个人或组织。

- 基础信息：关注介绍性信息。
- 细节：关注高级信息或深层信息。
- 历史：关注过去。
- 过程：关注一组步骤或指示。
- 筛选：关注收集汇总的相关项目或信息。
- 数据：关注数字、事实或研究。
- 产品：关注项目、服务或别的产品。
- 示例：关注一个展示了普遍趋势或特别故事的案例研究。
- 观点：关注个人看法、判断或主观标准。

10种以上的形式

这里罗列的10种形式，再加上几个甄选出来的有用形式，可以让故事更加生动。这些形式代表了创作者构建故事和观众体验故事的不同方式。

- 文案：文本，如文章、博客和电子书。
- 信息图：视觉效果的形式，如图表和图形。
- 音频：录制和传输的声音，如播客。
- 视频：动态图片，如YouTube视频片段或影片。

内容公式
如何产生无限的故事创意

- 直播：创作时即时收看的实时流式视频。
- 图片库：刻意安排的图片集合。
- 时间线：根据时间绘制的内容。
- 测验：问题和对应的结果。
- 工具：输入和输出。
- 地图：以地理位置绘制的内容。
- 其他：游戏、在线课程、虚拟现实和其他媒介。

内容倍增器

使用内容倍增器可以让我们将任何单一的内容创意拆分成几个独立的内容创意。

- 常见的内容倍增器：时间、人口特征、位置和资源。
- 利基内容倍增器：对于故事讲述者所在的行业、公司、组织或受众来说独一无二的内容倍增器。
- 复式倍增器：对单个内容应用多个内容倍增器，以最大限度地发挥创意的潜力。

内容公式

通过在内容公式网格上绘制 10 个焦点和 10 种形式，我们可以创建一个空白矩阵。它可以形成 100 种独特的焦点/形式组合，或者 100 种独特的方式来分享任一故事、探索任一主题或创作任一主题的内容。将内容倍增器运用在这 100 个创意内容上，我们可以轻松将创意总数增加到 200、300、400、500 或产生更多潜力无限的内容创意。

这个方案中的关键词是"潜力"。

内容公式不是为了说服你在一个主题上创作数百条内容而设计的。那将是耗时巨大、让人精疲力竭的极端内容创作法。如若推荐此法，那我一定是忽略了内容创作的现实性和局限性。

实际上，内容公式为你的大脑提供了一个生成内容创意的构架，为非结构化的头脑风暴过程提供建议和指导。

这些各式各样的建议还鼓励你考虑从未尝试过的焦点和形式，从而为丰富你的内容、学习新的讲故事技巧，以及以新的方式与你的受众建立联系提供机会。通过充分探索潜在的内容焦点和形式，内容公式最终一定能让你对主题或主题的焦点/形式组合做出最明智的选择。

接下来做什么

那么，如何在日常内容构思和创作中使用内容公式和新的思维方式呢？你可以采取几种不同的方法。

接受 100 个创意挑战

展示你的创造力，成为一名更自信的内容创作者的最好方法之一就是在想出内容创意的时候，定期使用空白矩阵进行练习。任何时候，只要你有一个新的主题需要创建内容（产品发布、即将到来的活动、假期），你就给自己准备一个空白的内容公式矩阵，试着想出 100 种不同的方式来讲述这个故事。在选择最终的一个（或几个）内容创意之前，尽可能列出 100 个想法。

你现在立马能做的：

- 在 www.contentfuelframework.com/store 上订购海报大小的网格。
- 从 www.contentfuelframework.com/printables 上下载空白网格 PDF。
- 在白板、布告板或厚卷纸上画出自己的网格。

将其游戏化

另一种练习提出创造性内容创意的方法是将其变为一个游戏。通过投掷两个特殊的 10 面骰子，内容公式游戏会产生一个随机焦点／形式组合。像这样使用矩阵，将内容头脑风暴的过程游戏化是挑战自我的一个好办法。对营销人员、内容策略团队等来说，这也是一种有趣的集体活动。

你现在立马能做的：

- 请访问 www.contentfuelframework.com/game，了解更多有关内容公式游戏的信息。
- 运用 www.contentfuelframework.com/game 上提供的使用说明和物品创建自己的游戏版本。
- 让某人从 1 到 10 中随便挑选两个数字，直接开始内容创作。

把参考列表挂起来

如果你的主要目的是扩展你经常使用的焦点或形式的数量,希望丰富你的内容或技能,那么只需在你经常开展内容头脑风暴的环境区域中展示出合适的 10 项列表图即可。无论你是在办公桌上、在员工公告板上,还是在共享会议室里,展示焦点或形式列表可以作为一种随时存在的温馨提醒,或者把它看作一张清单,用于思考其他讲述故事的方法。

你现在立马能做的:

- 前往 www.contentfuelframework.com/store 查看可以挂在办公场所的海报。
- 把这 10 项创意参考列表打印出来,然后挂在任何你能看到并可能使用它的地方。

发起属于你自己的挑战

按照符合自己目标和优先顺序的方式发起一个

现在该做什么

内容公式个性化挑战。这个挑战一定得是基于矩阵的任务且必须有完成目标的截止日期。以下是部分参考建议：

- 在季度末以每种形式创作一段内容。
- 到年底，为每个焦点创作三条内容。
- 在接下来的六个月里每月创作一张地图。

你现在立马能做的：

- 把你的目标写下来，挂在你能看到的地方。
- 把你的目标分解成一系列较小的行动清单，便于你跟踪自己的进展。
- 找个和你一起追求同样（或相似）目标的搭档，相互监督。

出发，去讲故事吧

归根结底，你采用哪种方法其实都无关紧要：你可以尝试一种、全部、几种组合，或者创造一种全新的方法来调整框架，使其适合你现有的内容流程。⊖

⊖ 发推文给我（@mdeziel），告诉我你是如何使用这个内容公式的。请使用 #ContentFuel 标签。

内容公式
如何产生无限的故事创意

这可能是本书的结尾,但如果你从现在开始用这个公式来指导你的创造性思维,那么这也可能是你采用全新方式创作内容的崭新起点。

有那么多精彩的故事等着我们去讲述。去讲给大家听吧!

如何助力本书

既然你还在读,想必这本书一定对你有所助益。如果是这样的话,我希望你愿意花几分钟时间来表达一下你的支持和感激!

下面我列出了一些简单快捷的方法,你可以表示"感谢"并帮助支持本书的推广。这样,就有更多的创作者、营销人员和故事讲述者可以学习使用内容公式来创作更多的精彩内容和故事。

评价本书

- 在"亚马逊"上留下五星好评。

- 在"好读网"[一]上留下五星好评。
- 在其他任何你买书的地方留下五星好评。

推荐本书

- 给可能喜欢这本书的朋友发一条短信,并分享推荐原因。
- 给一些你认为会喜欢这本书的同事发一封电子邮件,并分享推荐原因。
- 将本书作为礼物送给朋友。
- 让决策者为你的团队(或更多团队)购买本书。

使用 #ContentFuel 标签进行社交分享

- 分享你有关内容公式头脑风暴的照片,并链接到你创作的内容上,附上标签 #ContentFuel。
- 在 Instagram 上发布一张你和本书的合照,并在帖文中表达你的认可和收获(你也可以标记我:@meldeziel)。

[一] 好读网(Goodreads)是一家美国知名读书社交网站,号称美国版"豆瓣"。成立于 2007 年,是一个专门为广大读书爱好者提供服务的网络交流平台。——译者注

- 在 Twitter 上发布你对本书的认可（以及一张你和它的合影）（你也可以标记我：@mdeziel）。
- 在领英上发布你对本书的认可（以及一张你和它的合影）。
- 在 Facebook 上发布你对本书的认可（以及一张你和它的合影）。
- 把你对本书的认可（还有你和本书的合影）发给 Facebook 群里其他可能喜欢阅读本书的人。

将我推介给其他人

- 将我介绍给团队负责人，建议他们聘请我主持一个关于使用内容公式的互动研讨会。这样，我们就可以一起激发数百个创意。
- 将我介绍给你认识的播客主持人，建议他们邀请我参加节目，就关于内容创作的头脑风暴和策略方法进行对话。
- 将我介绍给你认识的活动组织者，推荐我担任活动主旨发言人，就内容策略、品牌故事推广以及像记者一样营销的相关主题进行演讲。

内容公式
如何产生无限的故事创意

在社交网站上与我联系

- 在 Twitter 上关注我：@mdeziel。
- 在 Twitter 上关注 StoryFuel：@storyfuel.co。
- 在 Instagram 上关注我：@meldeziel。
- 在 Instagram 上关注 StoryFuel：@storyfuel_co。
- 在 Facebook 上点赞我的页面：www.facebook.com/storyfuel。
- 在领英上联系我：www.linkedin.com/in/melanie-deziel。
- 加入我的 Facebook 群：搜索"StoryFuel: Brand Storyteller Society"。

致　　谢

所有这些了不起的人都值得感谢,感谢他们为本书、为我的工作和我的生活所付出的一切:

感谢我的丈夫亚辛。你是我的头号粉丝、我最大的支持者,也是我最好的朋友:这本书能够出版,你功不可没。如果没有你的鼓励(而且,老实说……有时是你的坚持),我会经常出现长时间毫无进展的情况;如果没有你的鼓励,我不知道会有多少次想要彻底放弃"写书"。感谢你在我需要提醒的时候提醒我——我能做到,我为什么要这样做。感谢你的拥抱、你鼓励的话语、那些留在白板上的头脑风暴、那些喝着咖啡协作的日子,还有你陪在我身边的每

内容公式
如何产生无限的故事创意

一段旅程。除了你，我不愿与任何人同行此旅。我爱你！

感谢我的女儿莱拉。你不仅是我创作这本书的最大动力，也给我设定了完成本书的最佳截止日期：感谢你在我肚子里各种踢来踢去，翻来覆去，扭来扭去——特别是在写作的日子里——你总是提醒我时间不多了，你很快就出来了。我保证，至少好几年内我不会在睡前给你读这本书。（不过，我不能代表你爸爸，要知道，他真的很为此自豪哦！）

感谢我的家人，你们从始至终爱我、支持我：妈妈、法夫、珍、保罗、玛丽亚、波普斯和格拉姆，以及其他所有人。谢谢你们让我知道教育的价值，谢谢你们给我读故事，谢谢你们用满满的书架培养了我对阅读的热爱，谢谢你们鼓励我在每个年龄段写作，谢谢你们阅读我写的作品，谢谢你们想方设法地帮助我成为最好的自己。我爱你们！

感谢二页（Page Two）的优秀团队：特雷娜·怀特认同本书的理念，并帮助我组建了一支出色的团队，让这本书顺利出版。卡埃拉·莫菲特巧妙地让我们所有人都准时而一致地步入正轨，并在整个著书的

致　　谢

过程中步调一致。梅利莎·爱德华兹勇敢地承担起了编辑这一任务，并让这本书像我的想法一样光芒闪耀。菲奥娜·李帮助我设计了图案精美、内容有趣的封面。杰茜卡·韦布帮我把我的营销创意集中起来，用到我自己的项目上。感谢你们所有人分享你们的才华，让我能说出我的愿景，并帮助我将其变为现实。

感谢菲尔·M.琼斯，你不仅将我介绍给二页，还鼓励我先写这本书：谢谢你帮我弄清楚该写些什么。在过去的几年里，你的建议和支持帮助我的事业在很多方面都取得了长足的发展，这些方面的例子不胜枚举，但我更感恩你的友谊。

感谢斯蒂娜·霍尔姆高，你在不知不觉中启发了内容公式的创建。你问我是否可以再准备一个主题演讲来填补2018年原生广告日议程上那紧急时刻的空白：在我离开柏林后，这个仓促创建的矩阵得到了更多的呵护。随着我在台上开始分享它，并从观众那里获得如此好的反馈，这些点滴最终促使我将它们变成了本书这个终极形式。

感谢2019年5月"品牌故事智多星"团队的伙伴们，你们是最早看到和听到"内容公式"最终版的

内容公式
如何产生无限的故事创意

人:你们对内容的激动不已,对它的作用的赞不绝口,以及你们在工作中对它的运用,总能在稿件截止的恐慌中提醒我——这本书真的能帮助人们更好地讲述故事,继续写下去吧!

感谢众多的客户、活动组织者和会议策划人,你们在过去几年里欢迎我去你们的办公室和你们的舞台:感谢你们与观众信任我,并让我分享能够帮助大家成为优秀故事讲述者的经验。我希望很快就能有机会回去与你们的观众和团队分享这个新的公式。

感谢"提升实验室""说与道公司"以及"写与念智囊团"的成员们:感谢你们如此无私地分享你们在写作、出版、演讲、业务转型、组建家庭、保持收支平衡、胜利、失败等方面的经验。当我失去方向时,你们给了我路线图;当我需要帮助时,你们给了我脚手架般的支撑;当然,还有你们带给我的无尽的欢笑。

感谢卡特·莫拉在我写书过程的早期,一直让我要有责任感:感谢你在我改变方向时坚定地支持我,并帮助我在遵守最后期限和知道自己的极限之间找到了平衡。你帮助我实现从"考虑写一本书"到"真正

致　　谢

写了一本书"。这是我多年来一直在努力实现的一个飞跃。谢谢你！

感谢本，以及那些我在咖啡馆、共享工作空间、酒店、机场和其他地方结识的朋友，本书就是在这些地方写出来的：感谢你们给了我思考和创作的空间，感谢你们为我提供了美味的饮料和零食，感谢你们偷偷地给我提供了多次的免费续杯，感谢你们为我保留了一个带插座的好座位，感谢你们为我提供了员工的无线网络密码，以及所有其他大大小小让我觉得宾至如归的支持和帮助。

感谢很多老师、教授和导师。从小学到研究生，你们鼓励我培养和追求我对写作、编辑和讲故事的热爱，特别是詹妮弗·雷恩、玛丽·洛乌·雷尼耶、桑迪·内格尔、蒂姆·肯尼、朱莉·斯普林格尔迈尔、韦恩·伍斯特、盖尔·麦克唐纳、马塞尔·迪弗雷纳、塞缪尔·皮克林、乔恩·格拉斯、约翰娜·凯勒、埃里克·格罗德和大卫·鲁宾，感谢你们为我所做的一切，也感谢你们激励了数不胜数的学生。

感谢泰德和盖尔·迪利以及整个迪利家族：感谢你们在我高中毕业时授予我托马斯和埃尔茜·迪利

内容公式
如何产生无限的故事创意

基金会奖学金。你们资助的全额学费使我得以攻读大学，并最终获得高等学位。是你们助我踏上了写作之路。前行路上，你们对我生活的持续支持和关心也同样是一份美好的礼物。

对于那些本该出现在这份名单上却没有出现的人，我非常抱歉。这可能是本书最难写的部分，因为我知道，无论我多么努力，我肯定会忘记在本书成书的漫长旅程中，曾经提供过重要帮助、指导、鼓励和其他支持的很多人。我觉得自己很幸运能得到如此多的支持和关爱，以至于在写下这么多的"谢谢你们"后，这份名单仍然不完整。谢谢你们！

译者后记

清晨,你是否会在第一时间拿起手机,看看这做美梦的几个小时里世界又发生了什么变化?

日中,你是否会在午后小憩时打开杂志,翻翻页面上琳琅满目的商品的介绍?

薄暮,你是否会疲惫地打开电台,听听不同排行榜上最火的歌曲?

入夜,你是否会耳边伴着电视节目,手里却还不停地刷着推文和视频?

在这样一个信息爆炸的时代,各式各样的内容恣意围绕着我们,或长或短,或好或坏。是什么点燃了作者的灵感?是什么激发了无数的创意?

原本,我也认为那只是少数人与生俱来的智慧,

内容公式
如何产生无限的故事创意

我们大多数没有天赋的普通人是没办法像"天才型选手"那般创意涌现的。我们每每受困于枯竭的想法和乏味的念头,被这飞速发展的信息时代淹没。

曾经,我也是陷入单调泥沼无法逃脱之人,所幸,我遇到了它——《内容公式》,它如天降"神兵"一般来到我的眼前。梅拉妮·德齐尔在无数尝试和实践中总结出的内容公式为我打开了一扇创意工厂的大门。10个焦点、10种形式,它们的组合变化万千,可推陈出新,可翻天覆地。只要你渴望产生无穷创意,那这本书就是你的不二选择!

很荣幸,我能作为译者将《内容公式》的中文版呈现给大家,希望它能在如今这个各行各业对内容创作与更新要求越来越高的时代帮助你用无尽的想法和创意拔得头筹。回想起我最初接触到这本不属于我专业领域的图书时,我一度认为它只是营销者们的宝典。可越往下读,我就越发地发现它的魅力。就算我并未从事营销工作,我亦可以自由地将这个方法运用于我的工作、生活中。作为英语老师,我可以运用内容公式丰富我的教学方法,为学生们的课堂增添乐趣、提高效率;作为母亲,我可以运用内容公式让我

译者后记

的孩子在充满新意的快乐世界中成长；作为学院工会负责人，我可以运用内容公式让我组织的各项活动更有号召力、更生动鲜活。逐渐地，我感觉自己置身于一个丰富多彩而又奇幻无穷的思想世界，我的思维开始变得活跃，可以轻易地迸发灵感和想出创意，这样的改变让我觉得既惊讶又幸福。《内容公式》是一本触发灵感之书，它独特又巧妙的内容公式可以让人毫不费力地产生无限创意。对营销者来说，它是"圣经"，是"宝典"，可以指引企业方向，开辟激烈竞争中的创意之路；对大众而言，它是"宝藏"，是"源泉"，可以寻到独特想法，滋润干涸思维，让工作、生活变得灿烂多姿。

几个月的翻译工作，尽管困难重重，但我甘之如饴。回想起整个过程，我依然觉得感触良多、收获颇丰。如果说翻译这本书的过程像是在塑造一个角色，那我想我扮演的既是传递者，也是汲取者。我给读者认真地传递着书中的内涵和想法，也疯狂地汲取着这本书带给我的方法和策略。

充足的译前准备是基础，严谨的翻译过程是核心，反复的译后校对是必要，但最不可缺少的是对翻译作品的责任心和对翻译工作的坚持力。本书的翻译工作离不开大家的支持。感谢助理陈佩瑶，谢谢你对我翻译工作的协助，我不会忘记那么多个白天夜晚我们字斟句酌的时光；感谢西南石油大学翻译研究中心，作为团队的一分子我很荣幸能和这么多的翻译专家共事并得到大家的指点；感谢我的先生姚利、我的宝贝嘉睿，是你们放弃了春节长假的暖日、户外芬芳的花香，天天陪我待在家中审读修改；还有我的父母、我的老师们、我的朋友们，谢谢你们一路上爱的相伴！当然，由于本人能力有限，本书的翻译定有很多不足之处，恳请大家多多包涵。对于日后的翻译工作，我会以更饱满的热情、更严谨的工作态度，力求译出更高质量的作品。期待与各位读者再次相遇！

廖颖

2022年3月于西南石油大学